Im Boot mit Madonna

Zehn Gebote, zehn Geschichten

Bibliografische Information der Deutschen Bibliothek:
Die Deutsche Bibliothek verzeichnet diese Publikation in der
Deutschen Nationalbibliografie; detaillierte bibliografische Daten
sind im Internet über http://dnb.ddb.de abrufbar.

Herausgeberin: Anne Buhrfeind
Illustrationen: Paola Piglia
Gestaltung und Satz: Lena Gerlach,
Hansisches Druck- und Verlagshaus GmbH
Druck und Bindung: DZA Druckerei zu Altenburg GmbH, Altenburg

Printed in Germany, ISBN 978-3-938704-68-4

Im Boot mit Madonna

Zehn Gebote, zehn Geschichten

Doris Dörrie, Arno Geiger, Feridun Zaimoglu,
Peter Stamm, Thommie Bayer, Friedrich Ani,
Wilhelm Genazino, Eva Demski, Maxim Biller,
Annette Mingels

Anne Buhrfeind (Hrsg.)
Mit Bildern von Paola Piglia

Wie gut, dass es nicht „die Zehn Verbote" heißt. Verbote, das klingt verboten. Jeder anständige Verkehrsverbund formuliert seine Benutzungsordnung heute positiv. „Vor sechs Uhr und von acht Uhr bis 16 Uhr können Sie Ihr Fahrrad mit in die U-Bahn nehmen" bedeutet zwar auch nur: „Von sechs bis acht sind Fahrräder in der U-Bahn nicht erlaubt" – hört sich aber besser an. Großzügig und konziliant. Guckt mal, was ihr bei uns alles dürft. Ihr dürft nicht betteln, das wird höchstens nach vorheriger Antragstellung genehmigt.

So kompliziert sind die Regeln nicht, die Moses mit vom Berg brachte. Sie sind ganz einfach. Was da später „die Zehn Gebote" genannt wurde, war anfangs noch ungezählt, es ging in Wahrheit auch mehr um „Du sollst nicht ..." als um „Du sollst ...", also auch eher um Verbotenes als um Gebotenes. Die Regeln sind streng, nicht verhandelbar. Und sie wirken so apodiktisch, dass gar nicht erörtert wird, was im Falle von Zuwiderhandlung mit dem Täter zu geschehen habe. „Wer die Ehe bricht, ist mit Verzweiflung nicht unter acht Monaten zu bestrafen." Nein, so ist es eben nicht.

Das Volk Israel, auf der Flucht aus Ägypten, bekam die Gebote mit auf seinem Weg in die Freiheit. Regeln für die Freiheit. Du sollst, nicht: Du musst. Wenn du die Regeln brichst, trägst du selbst die Folgen.

Keine Relativierung, keine Formulare, keine Ausnahmen, kein Wenn und Aber. Mildernde Umstände? Mal sehen. Immerhin ist das Gesamtwerk so kompakt, dass man es durchaus im Kopf behalten kann und auch als Nichtakademiker versteht. Kein Kommentar, ausdrücklich: „Und er fügte nichts hinzu", berichtet Moses. Er, das ist Gott.

Gott weiß, wie jeder Pubertierende, jeder Putschist und jeder furchtbar Verliebte, dass Regeln in ihrem autoritären und unbedingten Auftreten zum Übertreten geradezu auffordern. Zumindest zwingen sie uns, eine Haltung einzunehmen. Solcher Art sind die Zehn Gebote. Sie drücken Grundsätze aus, sie sind keine Handlungsanweisungen für konkrete Lebenssituationen. Sie lassen Platz für eine ethische Urteilsbildung. Jeder Mensch weiß das, auch Schriftsteller wissen das. Würden alle Menschen das Tötungsverbot achten, dann hätten wir eine friedliche Welt. Und niemand hätte Freude an blutigen Thrillern. Käme kein Mensch auf die Idee, einer anderen den Mann auszuspannen, würden wir uns nicht begeistert auf romantische Liebesgeschichten stürzen, gäbe es keine Götter neben ihm, dann wären keine klassischen Tragödien entstanden. Die Missachtung des Gebotenen ist seit der Vertreibung aus dem Paradies ein menschliches Thema, Gott weiß es.

Die Zehn Gebote und die Abertausende von möglichen Verstößen dagegen, das ist der Stoff, aus dem die Literatur ist. Starben Romeo und Julia nicht im Grunde daran, dass sie einen anerzogenen Begriff davon hatten, wie man seine Eltern in Ehren hält? Schillers Räuber, Goethes Werther, John Updikes Autoverkäufer mit dem Spitznamen Rabbit, alle hadern mit den Regeln. Auch Rotkäppchens Wolf, Schneewittchens Stiefmutter und die Hexe von Hänsel und Gretel gerieten in Konflikt mit einem der Zehn Gebote.

Ein Gebot, eine Geschichte in chrismon – wir dachten: Das ist doch eine schöne Aufgabe für einen Schriftsteller. Dreimal dürfen Sie jetzt raten, welches Gebot zuerst „weg" war. Stellen Sie sich vor, jemand ruft Sie an und bittet Sie um eine literarische Erzählung zu einem der Zehn Gebote, welches nehmen Sie? Ist doch klar: der Ehebruch, der fasziniert. Da hat Wilhelm Genazino zugegriffen. Für das Tötungsverbot ruft man gleich einen Krimischreiber an, und zwar den besten in Deutschland. Relativ schwierig: die ersten drei Gebote, die, die nicht das Verhältnis der Menschen untereinander regeln, sondern ihre Beziehungen nach ganz oben. „Ich bin der Herr, dein Gott, du sollst nicht andere Götter haben neben mir." Das ist ein Thema, das man der Wunschautorin als eine besondere Herausforderung anbieten muss. Feridun Zaimoglu, ein gläubiger Muslim, hat sich für das dritte Gebot entschieden: „Du sollst den Namen des Herrn nicht missbrauchen."

Das zweite Gebot heißt bei uns: „Du sollst dir kein Bildnis machen." Es war sozusagen eine literarische Entscheidung, dieses Gebot, diese Geschichte in die chrismon-Reihe aufzunehmen. Es existiert nämlich in einer weithin üblichen Zählung nicht als eigenes Gebot. Wahrscheinlich wundert sich erst mal keiner darüber – sondern erst dann, wenn das berühmte fünfte Gebot nicht mehr vom Töten handelt, sondern von den Eltern. Aber so ist es nun mal. Es gibt zwei Zählweisen. Mindestens. Dabei waren die Gebote doch so schön einfach. Aber Menschen schaffen es immer, alles kompliziert zu machen ...

Anne Buhrfeind

I

Ich bin der Herr, dein Gott,
der ich dich aus Ägyptenland,
aus der Knechtschaft,
geführt habe. Du sollst
keine anderen Götter haben
neben mir

Das erste Gebot

von Doris Dörrie

An einem Dienstagmorgen sagt Bea: Neuerdings habe ich das Gefühl, ich brauche ein bisschen mehr Gott in meinem Leben. Schweigend bestreicht ihr Mann seinen Toast sorgfältig bis an die Ränder mit Marmelade, und als er damit fertig ist, sagt er grinsend: Oh Gott, Bea, wirst du plötzlich religiös?

Fühlst du dich nicht manchmal eingesperrt in deiner Haut? Hoffst du nicht manchmal auf einen Gott, der dich erlöst?

Nö, sagt ihr Mann. Welcher Gott schwebt dir denn so vor? Können wir uns da auf einen einigen?

Ein einziger Gott und sonst gar nichts, sagt Bea, das ist immerhin eine bestechende Idee, findest du nicht?

Er sieht sie über seine Brille hinweg prüfend an wie ein

Kind, das einen fiebrigen Infekt ausbrütet. Bea, sagt er dann, jetzt werd mal nicht aus lauter Angst vorm Alter zur Fundamentalistin. Er steht auf und leckt sich einen Marmeladenfinger ab. Du brauchst eine Pause, sagt er, das ist alles. Eine Pause von mir, von deinen Kindern, deinem Job.

Er schenkt ihr einen Wochenendstädtetrip von seinem Flugmeilenkonto. Barcelona, Dublin oder Rom?, fragt er.

Ich kann mich nicht entscheiden.

Das kannst du nie, sagt er, und du willst jetzt plötzlich einen einzigen Gott? Damit fing all der Ärger an.

Am nächsten Morgen sieht Bea die Umrisse Italiens auf ihrem Frühstückstoast. Das ist ein Zeichen, ruft sie. Ich nehme Rom! Er hält ihr seine Hemdsärmel hin, damit sie ihm die Manschettenknöpfe zuknöpft. Verkauf den Toast als Wunder Gottes auf E-Bay, sagt er.

Am Flughafen Leonardo da Vinci dauert es zwei Stunden, bis ihr Gepäck kommt. Ein eisiger Wind fegt ihr um die Beine, als sie endlich mit ihrem Koffer vor die Tür tritt. Der Taxifahrer ist fast so unfreundlich wie ein Berliner. Wortlos nimmt er die Hoteladresse entgegen, während der Fahrt schreit er unablässig in sein Handy. Als sie an der Piazza Barberini ankommen, telefoniert er immer noch. Inzwischen regnet es. Menschen mit

Schirmen huschen eilig vorbei, und missmutige Touristengruppen latschen in Plastikhäute eingehüllt über den Platz.

In einem kalten Zimmer, das nach Zigarettenrauch stinkt, sitzt Bea auf dem Bett, leert die Minibar, um sich zu wärmen, und fragt sich, was sie damit gemeint hat: Ich suche den einzigen Gott? Wie schön muss es sein, an ihn zu glauben. Aber dazu fehlt ihr der Ehrgeiz. Die Hingabe. Der Fleiß. Außerdem hat sie es in einer großen Lebenskrise mal versucht, und es hat nicht geklappt. Gott hat nicht geantwortet. Er blieb stumm. Die Krise ging vorbei. Ganz von selbst. So wie alles vorbeigeht. Mit oder ohne Gott.

Zunehmend befällt sie jedoch das beängstigende Gefühl, in ihrer kleinen Identität eingemauert zu werden wie in einem Raum ohne Fenster. Um dort herauszukommen, hat sie es mit Yoga, Alkohol, Kultur versucht, mit sozialem Engagement, einer kurzen Affäre, einer klitzekleinen Portion Botox in ihre Sorgenfalte an der Nasenwurzel. Nichts hat nachhaltig funktioniert. Weiß sie doch. Aber wie kann sie entkommen?

Ich will entkommen, murmelt sie erschrocken.

In ihrem Reiseführer kreuzt sie alle Kirchen mit mindestens zwei Sternen an. Die Sixtinische Kapelle hat vier.

Am nächsten Morgen stellt sie sich in die Schlange vor den

päpstlichen Museen, und nach drei Stunden, vierzig Minuten schiebt sie sich endlich durch einen schmalen Gang in die Sixtinische Kapelle. Sicherheitsbeamte rufen alle paar Minuten: Silence please! Silenzio! No photos!, was die meisten nicht daran hindert, ihre Handys auf den Weltenrichter zu halten und ihn als MMS um die ganze Welt zu schicken: Schau mal, wo ich bin!

In allen Sprachen der Welt flüstern Reiseführer in ihre Mikrofone, erschöpft drehen und wenden die Touristen ihre Köpfe in die jeweilige Richtung. Manche haben Taschenspiegel dabei, um die Decke sehen zu können, ohne sich den Kopf zu verrenken.

Minutenlang starrt Bea auf das Jüngste Gericht. Angespannt wartet sie auf einen winzigen Moment der Ehrfurcht, der Andacht, der

Wird sie, weil sie nicht glaubt, am Ende in der Hölle auf ihrem überfüllten Kleiderschrank sitzen müssen?

göttlichen Präsenz, aber stattdessen fällt ihr auf, dass Michelangelo alle Männer mit weiberbreiten Hüften gemalt hat. Und wie Luther unten rechts in der Hölle schmort. Der Märtyrer Bartholomäus, der seine eigene Haut in der Hand hält, lässt ihr die Namen italienischer Modedesigner durchs Hirn schießen, als wolle es so die Furcht überdecken, die die aus ihren Gräbern auferstehenden nackten Leiber in ihr auslösen.

Das Ende der Zeit hat Michelangelo gemalt, die Welt rückwärts gesehen. Wenn Bea sich von dort aus betrachtet, wo ist dann ihr Platz? Immer kürzer werden die Augenblicke, in denen sie sich in ihrem eigenen Leben anwesend fühlt.

Wird sie, weil sie an nichts und niemanden glaubt, am Ende in der Hölle auf ihrem überfüllten Kleiderschrank sitzen müssen und dafür büßen, dass sie nicht mehr gute Werke getan hat? Ich spende doch an Weihnachten, will sie rufen, und ich war eine ziemlich gute Mutter und halbwegs gute Ehefrau, und gegen die Neonazis habe ich protestiert und Stolpersteine gegen das Vergessen mitfinanziert, und ein Patenkind in Afrika habe ich auch!

Aber du glaubst nicht an den einzigen Gott, antwortet Michelangelo streng, und deshalb male ich dich ganz unten hin, wo man sich bücken muss, um dich zu entdecken in deinem Grab.

Es tut mir sehr leid, aber ich kann nicht glauben, dass ein weiser Gott darauf besteht, der einzige sein zu wollen. Das hat er doch überhaupt nicht nötig! Mi dispiace, sagt Michelangelo, aber so kann ich gar nicht diskutieren.

Verwirrt und mit einem Gefühl der Panik im Herzen stolpert Bea nach draußen. Dort scheint mit einem Mal die Sonne, auf ihrem Cappuccino schwimmt ein Herz aus Milch, ein charmanter Taxifahrer nennt sie bella signora, und das größte Wunder von allen: keine Schlange vor dem Prada-Laden in der Via Condotti.

Fast ehrfürchtig betritt Bea den Laden, und schlagartig und wundersam hebt sich ihre Stimmung. Junge Verkäuferinnen umschwirren sie wie Kolibris einen Honigtopf, sie probiert alle in ihrer Größe erhältlichen Schuhe an und erholt sich von Michelangelos Rechthaberei. Statt der Schreie, dem Seufzen und Stöhnen der lebendig werdenden Leichen klingt nur noch gedämpftes Touristengeschnatter und Autohupen in diese heiligen Hallen. Hier ist das Paradies, die Zeit ausgesetzt, der Garten umzäunt. Geduldig warten ältere Herren in grauen Kaschmirmänteln auf ihre Frauen, schaukeln reiche junge Männer Babys auf dem Arm und telefonieren gleichzeitig mit ihren Geschäftspartnern.

Is this too young for me?, fragt eine Amerikanerin um die siebzig ihren Mann. You are as young as you want to be, entgegnet er wie aus der Pistole geschossen.

Bea ächzt unter der Qual der Entscheidung, sie braucht ganz bestimmt keine neuen Schuhe, aber einfach wieder zu gehen, fühlt sich an, als würde ihr ein Pfeil der Entsagung ins Herz gestoßen. Und wenn sie etwas kauft, wird der Pfeil herausgezogen und lässt sie blutend vor schlechtem Gewissen zurück. Ein Schmerz von süßer Sinnlosigkeit übermannt sie, der sie tief seufzen lässt, und sie wünscht sich, er möge nie aufhören, denn jede Entscheidung wird Leiden verursachen.

Und nur weil die anfangs so milde lächelnden Verkäuferinnen immer schmalere Münder bekommen, entscheidet sie sich für ein Paar weiße Lackstiefel mit großen Silberschnallen zum Preis eines Businessflugs in jede Großstadt Europas.

Sie behält sie gleich an und fühlt sich sofort wie neugeboren, auferstanden aus der Asche aller Zweifel der Ungläubigen.

> Mit den Stiefeln fühlt sie sich wie neugeboren, auferstanden aus der Asche aller Zweifel der Ungläubigen

Dieses Gefühl von Leichtigkeit und Erlösung reicht bis hinauf zur Spanischen Treppe, lässt sie auch noch den Anblick der Stadt von oben genießen, die im Sonnenlicht glänzenden Kirchenkuppeln, und ganz da hinten die größte von allen, die Kuppel des Petersdoms, es trägt sie die Via Sistina entlang bis zur Piazza Barberini, wird langsam ein wenig schaler, bis es sie in Pepys Bar bei einem zweiten Cappuccino unverhofft verlässt und das schlechte Gewissen sich wie ein Kettenhemd über sie legt.

Pflichtbewusst schleppt sie sich in die nächste Kirche mit zwei Sternen, Santa Maria della Concezione, wo sie ein Bild vom heiligen Franziskus im Gespräch mit einem Totenschädel überfällt, und im Museum der Kapuziner grüßen sie die Gebeine von viertausend Kapuzinermönchen in hübsch arrangierten Ornamenten und Rosetten. Ihre neuen weißen Stiefel leuchten in der schummrigen Gruft, und sie fragt sich, wie am Tag der Auferstehung die Zurücksortierung all dieser Knochen eigentlich funktionieren soll. Wie schafft es der Glaube, ganz praktische Fragen einfach wegzuwischen? Wie schafft er diese strahlende Kapelle im Hirn, wo Zweifel, Ironie und Realismus um Einlass betteln, aber von strengen Wärtern abgewiesen werden? Wie schön muss es sein, glauben zu können.

Bea fühlt sich schwach und mit einem Mal sehr einsam. Erschöpft wandert sie schließlich zurück zu ihrem Hotel, aber die Vorstellung, dort allein im Zimmer auf die Zeit des Abendessens warten zu müssen, lässt sie weitergehen, immer weiter den Berg hinauf, bis zur nächsten Kirche, zu der ihr eine zahnlose Bettlerin bereits die Tür aufhält, als habe sie nur auf sie gewartet.

Bea betritt eine goldene Höhle, die sie mit ihrem Glanz betäubt. Eine Afrikanerin betet im Knien, ein japanischer Tourist blättert aufgeregt in seinem Führer, eine elegante Dame zieht ihren rosa Kaschmirschal enger um sich, eine junge Pennerin schläft, ihre Tüten fest umklammert, in der Kirchenbank.

Beas Blick fällt auf die fast lebensgroße weiße Marmorskulptur einer hingestreckt liegenden Frau, der ein Engel mit einem Pfeil das Herz durchbohrt. So unendlich verzückt und selig blickt diese Frau, dass Bea neugierig und neidvoll näherkommt. Ein Schildchen beschreibt die Skulptur als die heilige Theresa von Ávila: Es wollte der Herr, dass ich manchmal folgende Vision hatte: ein Engel, nicht groß, das Antlitz so strahlend, in seinen Händen ein langer goldener Pfeil mit ein wenig Feuer an der Spitze. Er stößt mir den Pfeil einige Male ins Herz, dass er bis in meine Eingeweide dringt. Beim Herausziehen kommt es mir vor, als würde er meine Eingeweide mit hinausziehen, wobei er mich ganz aufgezehrt zurücklässt in der großen Liebe zu Gott.

Es war der Schmerz so groß, und die Süßigkeit, die mir dieser heftige Schmerz verursachte, war so übermäßig, dass man wünscht, er möge nie aufhören. Es ist eine so süße Liebkosung zwischen Mensch und Gott, dass ich darum bitte, er möge es dem zu schmecken geben, der meint, dass ich lüge. Nichts soll dich bekümmern. Nichts dich erschrecken. Nur diesen einzigen Gott. Sonst brauchst du nichts.

Die Dame mit dem rosa Kaschmirschal greift in ihre Tasche und gibt Bea ein Tempotaschentuch. Verwirrt nimmt Bea es entgegen und wischt sich die Tränen ab. Grazie, sagt sie leise.

Bitte, sagt die Frau auf Deutsch.

Wie macht man das? Bea zeigt auf Theresa. Die Dame lächelt und formt mit Zeigefinger und Daumen einen Kreis. Meine Hand macht einen Kreis.

Ja, sagt Bea.

Und jetzt sage ich zu meiner Hand: Mach einen Kreis, aber nichts. Niente.

Sie zeigt Bea ihre flache Hand. Warum nicht?

Weil etwas anderes in Ihrem Kopf stärker ist.

Si, lächelt die Dame, é vero. Bea schweigt.

Bellissimi, sagt die Dame und zeigt auf Beas Stiefel.

Grazie, sagt Bea abermals. Mille grazie. Und dann weint sie noch ein bisschen, und die Dame gibt ihr geduldig lächelnd ein weiteres Taschentuch.

II

Du sollst dir kein
Bildnis noch
irgendein Gleichnis
machen

Im Boot mit Madonna

von Arno Geiger

Ich habe mir nie eine Platte von Madonna gekauft. Ich stand eher auf Talking Heads und Sakkos mit überdimensionalen Schulterpolstern. Never change your outfit, so it's easier for people to recognize you. Ändere nie dein Outfit, dann erkennen dich die Leute besser. Dieser Satz der Talking Heads überzeugte mich damals mehr als heute – was wiederum mit Madonna zu tun hat.

Einmal bin ich mit Madonna Boot gefahren. Nicht mit der echten, sondern mit einer ihrer Provinzkopien, Verkäuferin in einem Bregenzer Modegeschäft. Sie war die Freundin meines besten Kumpels, und der Kumpel durfte oder musste – da blickte ich nicht ganz durch – während der Ferien für vier Wochen nach London. Den letzten Abend verbrachten wir zu dritt am See, wo die Eltern des Freundes, reiche Leute, ein kleines Sommerhaus besaßen.

Ich hatte mit Geld aus meinem Ferialjob eine Flasche Sekt gekauft und war den Weg mit dem Fahrrad gekommen, so dass die Hälfte des Sekts aus der Flasche sprang, noch ehe wir mit den Gläsern zur Stelle waren. Anschließend saßen wir auf der Ufermauer, von wo sich der familieneigene Bootssteg in den See streckte, und schlürften den lauwarmen Rest, wir Freunde in Badehosen und Madonna ausstaffiert wie ihr Idol zu Zeiten von „Like a Virgin": jede Menge brauner Haare, die von blonden Strähnen und einem weißen Band durchzogen waren, massenhaft Ketten mit Kreuzen um den Hals und ein Kleid, das sehr nach Unterwäsche aussah. Vom Kassettenrekorder liefen Madonnas Lieblingslieder, dazu tranken und redeten wir, hauptsächlich über unsere Zukunft.

Der Freund und ich waren voller Träume. Wir gaben uns den Anschein, als würden wir die letzten zwei Schuljahre auf der linken Arschbacke absitzen. Und dann. Was dann? Dann würden wir die ganze Welt herausfordern und aller Welt zeigen, was wir draufhatten. Madonna jedoch stellte nüchtern fest, dass sie in Wahrheit nie mehr als eine Verkäuferin sein werde. Und das machte dem Freund und mir ein schlechtes Gewissen, denn dieser letzte Abend, das schien klar, war auch der letzte Abend ihrer Liebschaft zu einem Sohn reicher Eltern.

Ich schenkte Sekt nach, bis die Flasche leer war. Madonna bedankte sich und versuchte, so gut es ging, die an der Ufermauer hochschwappenden Wellen mit den Füßen zu erreichen. „Wenn du in London bist", sagte sie, „kannst du dir all die Klamotten kaufen, die mein Chef, der Vollidiot, nicht ins Sortiment nimmt, weil er Angst um seinen Ruf hat."

„Soll ich dir etwas Bestimmtes mitbringen?", fragte der Freund.

Madonna überlegte einen Moment, dann sagte sie mit einer Spur Enttäuschung in der Stimme: „Mir fällt nichts ein."

Sie ging raus auf den Bootssteg. Mehrere der hölzernen Latten, mit denen der Steg gedeckt war, schienen erst in jüngerer Zeit erneuert worden zu sein. Sie fügten sich mit den älteren, die im Wetter grau geworden waren, zu einer Klaviatur, über die unsere nackten Füße trommelten, als wir unter Komantschengeheul an Madonna vorbeispurteten und vom Ende des Stegs in den See hechteten. Wir winkten Madonna zu, sie solle ebenfalls ins Wasser springen. Aber sie schüttelte den Kopf. Sie ließ die Beine Richtung Motorboot baumeln, das dicht unter ihr lag, und beobachtete uns, wie wir uns gegenseitig mit einer schwarz gewordenen Bananenschale bewarfen. Ich glaube, sie fand albern, was wir aufführten. Aber sie lachte großzügig.

„Verschont mich mit dem Scheiß!", rief sie, als sie andeutungsweise ins Visier geriet.

„Du siehst aus wie Kim Wilde", riefen wir.

Später lagen wir Buben bäuchlings auf den sonnenwarmen Latten des Stegs und linsten einander in die Augen. Madonna saß jetzt zu Füßen des Freundes. „Schade, dass ich den Rest des Sommers nicht hier verbringen kann", sagte sie.

Ich gab dem Freund einen Schlag gegen den Scheitel und fügte hinzu: „Wegen dir Trottel werden wir den Rest des Sommers mit dem Strandbad vorliebnehmen müssen."

Er lächelte mich an, aber ganz wohl war ihm nicht bei der Sache, das war zu spüren. Endlich rappelte er sich hoch und setzte sich zu Madonna. Die beiden redeten ein paar Sätze, aber so, dass ich nichts verstehen konnte. Anschließend gingen sie weg, spazieren, so sagten sie, die Ufermauer entlang und von dort über den Strand. Sie fassten sich nicht an den Händen, und es sah auch nicht so aus, als ob sie miteinander reden würden.

Ich schaute noch eine Weile dorthin, wo die beiden hinter einigen Bäumen verschwunden waren, dann drehte ich die Musik ab und streckte mich der Länge nach auf dem Bootssteg aus. Möwen girrten und krächzten. Ein Windrad quietschte in der Hitze. Einmal gellten Mädchenstimmen in der Nachbarschaft und machten mich hellhörig, weil ich zu der Zeit keine Freundin hatte. Doch als ich mich aufrichtete, vernahm ich wieder nur das belanglose Kwi-kwi des Windrads, und schließlich nickte ich ein.

Später, in der letzten, unruhigen Helligkeit, holten wir die Bratwürste und für jeden ein Bier aus dem Kühlschrank des Sommerhauses. Zum Feuermachen riss ich Seiten aus einer herumliegenden Frauenzeitschrift. Madonna kam erst nach draußen, als wir schon mehrmals nach ihr gerufen hatten. Die Flammen zwischen den geschwärzten Steinen des Grills waren bereits am Einsinken, die Würste hatten wir an den Enden kreuzweise eingeschnitten und auf armlange Äste gesteckt. Einen dieser Äste nahm Madonna entgegen und ging neben dem Freund in die Hocke.

Er reckte beide Fäuste gegen den Himmel und schrie aus Leibeskräften: „Mein Vater kann mich am Arsch lecken!"

Von dem, was geredet wurde, während wir am Feuer saßen, habe ich lediglich eine vage Ahnung. Aber ich weiß, dass der Freund zu Madonna sagte: „Es ist eine klasse Sache, dass du diesen Tag überhaupt mit uns verbringst. Du bist ein echter Kumpel."

Madonna hatte ihren Kopf auf ihre angezogenen Knie gelegt, so dass sie die Augen nach oben rollen musste, wenn sie uns ansehen wollte. Sie lächelte und sagte:

„Ich hatte grad nichts Besseres zu tun."

Wir lachten mit ihr, aber es blieb ein zaghaftes Lachen, ein Klacks im Vergleich zu anderen Tagen. Es wurde still. Ich hatte den Eindruck, wir warteten auf den Moment, in dem das Stadium an Müdigkeit erreicht war, das uns erlaubte, bis zum Morgen zu schlafen, bis zum protokollgemäßen Abschied. Doch nach einiger Zeit fügte Madonna zu dem halb im Spaß Gesagten hinzu:

„Es gibt vieles, was ich bedaure, aber nicht, dass ich hier bin."

Als diente dem Freund diese Bemerkung als Anstoß, auf den er gewartet hatte, stand er auf, ging ins Haus und kam mit dem Schlüssel für das Motorboot seines Vaters zurück. Er reckte beide Fäuste gegen den Himmel und schrie aus Leibeskräften:

„Mein Vater kann mich am Arsch lecken!"

Sein Vater hatte ihm bei Androhung von Strafe verboten, das Motorboot in Betrieb zu nehmen, und so gut die Order bisher gehalten hatte, so entschlossen war der Freund jetzt, dagegen zu verstoßen. Er stürmte jubelnd zum Bootssteg, und ich, der ich mir sagte, dass es sein Vater war, stimmte in das Triumphgeheul ein.

Es war längst dunkel geworden, und der Mond verschwamm im Wasser. Wir lösten mit raschen Handgriffen die Abdeckplane und nahmen unsere Plätze ein, der Freund hinterm Steuer, Madonna und ich in den Ledersitzen unmittelbar dahinter. Wir fuhren hinaus. Der Freund beschleunigte das Boot, er machte sich einen Spaß daraus, die Wellen im rechten Winkel zu kreuzen, damit der Bug möglichst weit hochkam. Madonna musste den Kassettenrekorder mit beiden Händen umklammern, die Lautstärke voll aufgedreht gegen das breiige Rattern des Motors. Wir Freunde übertönten beides, Boot und Musik. Ich weiß noch, dass ich rief:

„In zehn Jahren machen wir eine Bootsfahrt über den Hudson, wir drei, bis dahin werden wir es geschafft haben, und du, Madonna, wirst tatsächlich Madonna sein."

Wir Buben lachten und freuten uns. Aber Madonna, die Verkäuferin, die jeden Tag um sechs in der Früh aufstand, um sich ihrem Idol ähnlich zu machen, schüttelte auch diesmal den Kopf:

„Ich werde bestimmt nicht mit von der Partie sein. Aber vielleicht die echte Madonna. Das ist noch wahrscheinlicher."

Kurz darauf, als der Freund in der Nähe eines Schilfgürtels

eine besonders hohe Welle kreuzen wollte, lief das Boot auf eine Sandbank auf. Eine heftige Erschütterung ließ Madonnas Kassettenrekorder gegen Reling und Deck krachen und brachte die Musik zum Verstummen. Es folgte ein verschrecktes Schweigen. Alles war still, der Motor, die Möwen, die See, kein Wind. Mir war, als hätte der Schreck meine Wahrnehmung verfeinert und mir die Fähigkeit gegeben, mit den nackten Füßen das Knirschen des Sandes unter dem Rumpf zu spüren.

„Mein Vater wird mich in Stücke schießen", hörte ich den Freund nach einer langen Sekunde sagen.

„Das ist ja nur Sand", redete ich ihm zu, „na komm, rein ins Wasser, wir werden den Kahn schon wieder flottkriegen."

Wir zogen unsere T-Shirts aus und ließen uns ins Wasser, das uns am Bug nur bis zu den Hüften reichte. Madonna startete den Motor neu, dann ließ sie sich erklären, welches der Rückwärtsgang war. Sie brachte sich in Position, die Spitzen ihres Kleides schimmerten gegen die dunkle Nacht. Die Ketten und Kreuze um ihren Hals blitzten. Sie beugte sich mit konzentrierter Miene über den Gashebel, zwischendurch schaute sie uns an.

„Vollgas, Madonna!", riefen wir: „Vollgas!"

Madonna drückte den Gashebel bis zum Anschlag, der Motor heulte. Wir boten all unsere Kraft auf, und obwohl sich das Boot nicht rührte, fühlten wir uns gleich besser. Das seichte Wasser war warm, von der Plackerei bekamen wir einen klaren Kopf, auch fanden wir zu unserer gewohnten Zuversicht zurück, überzeugt, mit einem blauen Auge davonzukommen, wenn wir uns fest genug ins Zeug legten. Madonna sah uns zu. Sie munterte uns auf, indem sie sagte, dass wir keine schlechte Figur machten. Wieder und wieder versuchten wir, unseren Füßen in dem rutschenden Sand Halt zu verschaffen. Wir versuchten, die Wellen und das gleichzeitige Sichheben des Wasserspiegels zu nutzen, indem wir unsere Kräfte im Rhythmus des Wassers einsetzten. Endlich gab der Bug in unseren Händen ein wenig nach, ruckweise machten wir Boden gut, und in dem Maß, in dem unsere Kräfte erlahmten, ging es leichter, weil die Rinne, die der Kiel gerissen hatte, tiefer wurde, während die Sandbank heckseitig abfiel.

In einer kurzen Verschnaufpause sagte ich: „Wenn das Boot im Herbst aus dem Wasser geholt wird, interessieren die Kratzer niemanden mehr."

„Ich nehme an, es bekommt einen neuen Anstrich", sagte der Freund.

Bleiben nur die Kratzer der Erinnerung.

Das Boot kam frei. Madonna manövrierte es im Rückwärtsgang nach draußen. Nach einiger Zeit nahm sie Gas zurück. Das Boot vollzog einen halben Bogen und wandte sich uns wieder zu. Dann sank es mit dem Bug eine Handbreit ab und blieb liegen.

Wir hatten dem Manöver nach Luft ringend zugeschaut, jetzt warfen wir uns ins Wasser und schwammen dem Boot entgegen. Keuchend kletterten wir an Bord. Madonna fragte, ob noch Vermisste zu bergen seien. Dann räumte sie den Platz am Steuer, und wir fuhren zum Anlegesteg zurück. Wortlos, wir waren viel zu erschöpft und viel zu froh und viel zu enttäuscht, dass der Abend und die Nacht, oder was von ihr geblieben war, zu Ende ging.

Der Freund flog anderntags nach London, und als er zurückkam, war alles anders. Nur Madonna, seine frühere Freundin, mit der ich bei zufälligen Treffen auf der Straße Tuchfühlung hielt, war dieselbe und blieb es auch über die nächsten Jahre. Noch Ende der 80er Jahre sah sie aus wie ihr Vorbild zu Zeiten von „Like a Virgin". Ihr Beharren hatte etwas Seltsames, Irritierendes – die Art und Weise, wie sie sich nicht von ihrem Idol abbringen ließ, auch nicht davon, dass die Sängerin, Madonna, das Original, sich mit jeder neuen Platte neu erfand und sich immer wieder selbst in Frage stellte, indem sie voller Ironie über ihre Vergangenheit und über ihre abgelegten Häute sprach.

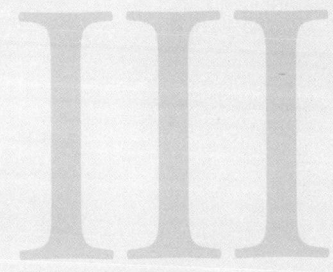

III

Du sollst den
Namen des Herrn,
deines Gottes,
nicht missbrauchen

Eine gefangene Seele

von Feridun Zaimoglu

Auch ein großer Gott wirft seinen Abfall weg, diese Worte hat er gesprochen, der Wundersüchtige, damals während unseres Medizinstudiums, in einem Herbstmonat, als der Wind in den Straßenschneisen pfiff. Ich aber habe einen anderen Weg gewählt und bin gewöhnlich geworden, das Gezänk der Idealisten geht mich nichts mehr an. Nur: Auf der anderen Seite bin ich nicht angekommen oder noch nicht angekommen, meine verheirateten Freunde wollen mich nicht wieder in ihren Kreis aufnehmen, weil man nicht ungestraft das Bürgertum verachtet. Das hatte ich tatsächlich getan und den Ruf eines mild lächelnden Extremisten erworben. Heute verlacht, morgen hegemonial, so lautete der Lieblingsspruch von mir und meinen Brüdern. Wir verstanden nicht die Rentner, die vor den Kaufhäusern standen, stumm, sie pressten die Traktate an die Brust, oder sie fächerten sie oberhalb der Gürtellinie. Wir spotteten nicht über diese merkwürdigen alten Leute, denn man hatte uns gelehrt, die Jungen zu bekämpfen, die Alten aber in Ruhe zu lassen. Große Dinge kündigten sich an, der Himmel sog sich voll mit den Sünden, und wir wurden geweckt, weil das Unheil seinen Lauf nahm.

In dieser Zeit, da ich meiner wirklichen Erweckung entgegenlebte, studierte ich Medizin im zweiten Semester, ich trug einen weißen Kittel am Präpariertisch, auf dem ein Kadaver lag, die Formaldehyddämpfe ließen mich gelegentlich würgen, und der Professor glaubte mich trösten zu müssen, weil ich das Wasser in meinen Augen wegblinzelte. An diesem toten konservierten Menschen musste ich die Lymphknoten der rechten Achselhöhle mit Skalpell und Pinzette freilegen – eine trostlose Aufgabe. Wir arbeiteten zu siebt an der Leiche, junge dumme Anwärter, die wir waren, beugten wir unsere Köpfe über den uns zugewiesenen Ausschnitt des Körpers. Er aber, der Wundersüchtige, sagte dem Professor, er könnte es nicht länger aushalten, er fragte, ob es möglich sei, das Gesicht der Toten mit einem Stück Leichentuch zu bedecken. Seiner Bitte wurde nicht entsprochen, und die anderen jungen dummen

Anfänger zogen vor Schreck den Kopf ein, da der Professor ein Donnerwetter anstimmte – es ist Ihre verdammte Pflicht, den Menschen, ob tot oder lebendig, immer ins Gesicht zu sehen, schrie er. Sie werden in diesem Studium zu lernen haben, die Toten und die Lebenden zu achten ...

Er hatte den Wundersüchtigen, vielleicht bewusst, missverstanden, und als wir später aus dem Präpariersaal hinausdrängten, aus den nicht mehr strahlend weißen Medizinerkitteln schlüpften, bereute ich es, den Mund gehalten zu haben. In der Mensa setzte ich mich an seinen Tisch, er stocherte lustlos in seinem Linseneintopf, ich tat es ihm bald nach. Wir wechselten ein paar Worte, auch wenn er nicht in der Stimmung war, sich Zuspruch von einem Sympathisanten einzuholen.

Das war nicht ein Anfang, das war der Anfang, denn einige Monate später zog er in das sogenannte Gelbe Haus des Studentenwohnheims an der Stadtperipherie ein, er wohnte ein Stockwerk über mir, und als er den strengen Gottgläubigen in meiner Etage kennenlernte, kam er jeden Abend herunter. Es sollten sich uns in sehr kurzer Zeit weitere Brüder anschließen, wir waren junge Männer aus deutschen Städten, denen im Elternhaus das Heilige vorenthalten worden war, und der Blick hoch zum Herrgottswinkel reichte uns nicht. Nicht mehr.

Eine Frau verliebte sich in mich, sie nahm mich mit zu

ihrem Bibelkreis, doch ich war angewidert ob des falschen Bittgebets des Priesters, der eine Krawatte trug und sein Gesicht saubergerieben hatte – er roch noch nach Herrenseife. Viel später sagte ich zum Wundersüchtigen: Darf ein Priester sich rasieren, dass der Rasurbrand seine dicken Wangen rötet? Nein, sagte er, unser Herr hat die Pharisäer und Philister verabscheut, unser Herr hat die Priester bekämpft, das ist die Tradition aller Propheten. Damals sprachen wir, die Brüder im Bund, in diesen Worten, von denen wir glaubten, dass sie aufstiegen und den schwarzen Himmel zerschnitten, wir waren ja nur junge Männer in einer deutschen Stadt. Und das Himmelreich kam nicht, es kam nicht, verdammt.

Die Verliebte verbat sich das Fluchen, in ihrer Gegenwart durfte ich nicht einmal aufstoßen. Und auch wenn sie darum bat, berührt zu werden – ich berührte nur ihre Hände, ihre Fingerspitzen, ihre Mundwinkel, ich küsste ihre Fußknöchel. Denn wer wollte sich mit Verrückten auf ein erträgliches Maß verständigen?

Ich präparierte am Kadaver die Lymphknoten frei, ich kratzte an einer anderen Stelle das Fett aus und zerschnitt dabei versehentlich einen kleinen schlanken Muskel, ich bekam eine durchschnittliche Note, ich bestand viele andere Testate und das Physikum. Ich war nicht beteiligt, ich sah den Musterhaften dabei zu, wie sie schönen neuen Träumen nachliefen, und mein böser Traum war zerplatzt, und es hatte sich über mich Gottes Saft ergossen. Diese großen Worte beschämen mich heute, da mich der Streit der Glutäugigen, der Hohlwangigen, der Idealisten ohne festen Wohnsitz nichts mehr angeht.

Die verliebte Frau – ich glaube, sie hieß Inge oder Ingeborg – litt plötzlich an Atemnot, und als Folge der vielen Arztbesuche stellte sich bei ihr auch eine Aversion gegen mich ein, gegen den angehenden Arzt, der es mit seinem Gottesglauben übertrieb. Tatsächlich trieben wir Brüder im Bund unsere Mütter und Väter, unsere Freunde und Bekannten und unsere keusch geliebten Freundinnen zum Wahnsinn: Wir konnten nicht mehr maßvoll Filme ansehen, wir sahen Zeichen der Erweichung ob des Bösen. Wir konnten nicht mehr Liebesromane lesen, wir stolperten über die dummen Monologe von Schwärmern, die die einzige und wahre Anbetung in Zweifel zogen. Ich fragte den Wundersüchtigen: Darf man die Zeit, da man auf das Reich des Herrn wartet, mit Zerstreuung verbringen? Und er sagte: Nein, das tun die Kirch-

> Ich bekam den Skepsisschnupfen, vielleicht stand ich, nach Jahren der Treue und Härte, auf der Kante

gänger, wir tun es nicht – er sprach von den fast unsichtbaren dünnen Marionettenfäden, die man an ihnen sah, und dass wir, die wahren Anbeter des Herrn, in seinem Weingarten unterm freien sündenschwarzen Himmel wandelten.

Ich wandelte nicht. Ich bekam den Skepsisschnupfen, vielleicht stand ich auch, nach einigen Jahren der Treue und der Härte, auf der Kante, ich löste mich von den Brüdern im Bund, die mich zu einem Gewöhnlichen degradierten. Sie erkannten in mir eine im Viehstall gefangene Seele, ein hartes Urteil, dem sich Inge oder Ingeborg anschloss. Den Toten und also auch den Lebenden schuldete ich nichts, deshalb brach ich mein Medizinstudium ab und legte das Skalpell und die Pinzette wie kleine Schmuckstücke in ein Schauregal. Trotzdem gehörte ich nicht zu den Überläufern, ich brach nicht mit dem Glauben und spreche vor jedem Essen das Tischgebet.

An Zufälle glaube ich nicht, es war kein Zufall, dass ich eine Anstellung als Korrektor in einem großen Verlag bekam. Ich bin nur einer von vielen, und es gefällt mir, in fremden Texten penibel und exakt die Fehler zu tilgen. Mein Lohn deckt alle laufenden Kosten. Ich neige zur Sparsamkeit und kann sogar auf einen mehrwöchigen Jahresurlaub hoffen.

Dann sah ich ihn, den Wundersüchtigen, im Zentrum der Stadt an der Peripherie, er lief mir in der Fußgängerzone entgegen. Auf dem Schild, das er sich um den Hals gehängt hatte, stand: Säuglingstaufe ist Satanswerk! Kein Punkt, aber ein Ausrufezeichen. Ich wollte sofort in eine Seitenstraße abbiegen, aber es war schon zu spät, ich stellte die vollen Einkaufstaschen auf dem Boden ab und wartete darauf, dass er die kurze Distanz zwischen uns abschritt. Und mein Wunsch, dass er bitte an mir vorbeigehen mochte, erfüllte sich nicht. Er blieb stehen, er ließ einen Schritt Abstand zu, er sah mir schweigend ins Gesicht. Die Passanten schauten sich nach uns beiden um, und es war mir peinlich, dass man mich bestimmt seinen Sympathisanten zuschlug. Ich hatte doch nur im Supermarkt Eier und Speck gekauft, um mir zum Abendessen ein Omelett zu machen. Ich hatte doch nur Wasser und Säfte und Wurst und Käse gekauft, um meinen Kühlschrank zu füllen wie ein gewöhnlicher Bürger, in den ich mich zurückverwandelt habe. Der Wundersüchtige sah mich an, nicht unfreundlich, nicht mit einem milden Lächeln, und ich sah ihn an, fast gelähmt, wie von einer Drohung. Dann aber trat plötzlich eine Frau hinzu, eine junge schöne Frau, und es befremdete mich sehr, dass sie einen Arm um seine Hüften schlang, es war eine Liebesgeste, die man gerade noch als verspielt und nicht als obszön ansehen wollte. Wieso ließen sie mich nicht in Frieden? Sie sagte, sie kenne mich nur vom Hörensagen, und sie habe mich trotzdem sofort erkannt, weil er mir viel über meine merkwürdigen Augen erzählt habe. Er ist dieser Mann mit dem Extremistenschild, dachte ich, er ist der Mann, der mich anschweigt, und seine Frau und Freundin muss deshalb versuchen, mich in ein Gespräch zu verwickeln. Ich nickte ihr zu, sie schaute in sein Gesicht, dann gingen sie weiter, ich unterdrückte den Drang, mich nach ihnen umzusehen. Er ist der Mann, der keinen Vorwurf erhoben hat, dachte ich später, er ist der Mann, der sich gegenüber einem guten Bekannten von früher wie ein Taubstummer verhalten hat.

Ich aß an diesem Abend ein Omelett, sprach vor dem ersten Bissen das Tischgebet und las in einem Manuskript Korrektur, in dem ich zu meinem Bedauern auf wenige Fehler stieß.

**Du sollst den
Feiertag heiligen**

Der Tag des Herrn

von Peter Stamm

Reinhold stand am Fenster und schaute hinaus. Unten auf der Straße gingen ein paar Männer vorbei und er trat instinktiv einen Schritt zurück. Im Grunde fürchtete er sich vor den Menschen hier, vor ihrer launischen Art und ihrer Verstocktheit. Ihre grobe Sprache stieß ihn ab und ihr Lachen war ihm unheimlich. Sein Vorgänger war wie sie gewesen, ein ungeschlachter lauter Mensch, der am Sonnabend mit seiner Gemeinde trank und ihr am Sonntag ins Gewissen redete. Als Reinhold die Stelle vor einem Jahr angetreten hatte, war er voller Tatendrang gewesen. Er hatte sich auf den Bodensee gefreut und hatte gedacht, die Menschen seien offener im Süden. Aber er hatte sich getäuscht. Und was er auch angefangen hatte, es war ihm misslungen. Alles Mögliche wurde ihm vorgeworfen, dass er beim Abendmahl Brot statt Oblaten verwendete, Traubensaft statt Wein, überhaupt, dass er den Gottesdienst nicht so feiere, wie man es gewohnt sei. Es hieß, er kümmere sich zu wenig um die Alten, und dass er sich von den Konfirmanden duzen ließ, war auch nicht recht. Es waren lauter Kleinlichkeiten. Mit der Organistin hatte er es sich verdorben, weil seine Frau ein paar Mal Gitarre gespielt hatte im Gottesdienst, mit dem Mesner, weil er die Abrechnungen etwas zu genau kontrollierte.

Reinhold zog die Gardinen zu und ging ins Wohnzimmer. Brigitte schaute fern. Er hatte aufgehört, ihr von seinen Problemen zu erzählen, sie hatte es selbst schwer genug, sich einzuleben, sich in der Rolle der Frau Pfarrer zurechtzufinden, die sie nie hatte spielen wollen. Er setzte sich neben sie aufs Sofa. Im Fernseher war ein kleiner Junge zu sehen, der behauptete, er könne die Buchstaben einer Buchstabensuppe nur mit dem Mund entziffern. Brigitte lachte. Ist er nicht süß? Reinhold sagte nichts, er wusste, woran Brigitte dachte.

Er lag im Dunkeln und konnte nicht einschlafen. Aus dem Wohnzimmer hörte er den Fernseher. Er fragte sich, was er falsch gemacht hatte. Er hatte das Gespräch gesucht, hatte sich erklärt und teilweise nachgegeben. Aber das schien die Menschen hier nur noch mehr gegen ihn aufzubringen. Er hatte nicht mehr die Kraft zu kämpfen. Früher war der Sonntagsgottesdienst der

Höhepunkt seiner Woche gewesen, jetzt graute ihm vor den verschlossenen Gesichtern, vor dem kalten Schweigen, mit dem die Gemeinde ihn empfing. Wenn er in der Bibel las, sprachen die Texte nicht mehr zu ihm, und wenn er auf der Kanzel stand, empfand er nichts als Leere. Schon zwei Mal war der Gottesdienst ausgefallen, weil er mit Krämpfen im Bett lag.

Der Wecker klingelte um sieben, Brigitte musste vergessen haben, ihn für Sonntag zu stellen. Als Reinhold sich über sie beugte, um ihn auszuschalten, erwachte sie. Sie fragte, ob es ihm etwas ausmache, wenn sie heute nicht zum Gottesdienst komme. Sie fühle sich nicht wohl. Reinhold fröstelte, als er im Bad den Pyjama auszog. Aus den Augenwinkeln sah er die Spiegelung seines bleichen kraftlosen Körpers. Schnell wandte er sich ab und stellte sich unter die Dusche. Beim Kaffee ging er die Predigt noch einmal durch. Er würde über Römer 9 sprechen. Ja freilich, o Mensch, wer bist du, der du das Wort nimmst gegen Gott? Wird etwa das Geformte zu dem Former sagen: Warum hast du mich so gemacht?

Dann, viel zu früh, machte er sich auf den Weg. Draußen war es feucht und kalt. Seit Wochen lag dicker Nebel und es hieß, bis zum Frühling werde das so bleiben. Niemand war unterwegs um diese Zeit, nur ein paar zerzauste Möwen vom nahen See stöberten in den überquellenden Mülleimern der kleinen Fußgängerzone. Die Kirche war noch abgeschlossen. Reinhold war froh, niemandem zu begegnen. Er ging durch das dunkle Kirchenschiff in die Sakristei. In der engen Kammer gab es einen Elektroofen, trotzdem war sie so kalt, dass sein Atem dampfte.

Reinhold zog den Talar an und las das Gebet von Martin Luther, das einer seiner Vorgänger an der Tür des Kleiderschranks angebracht haben musste. Herr Gott, lieber Vater im Himmel, ich bin wohl unwürdig des Amtes und Dienstes, darin ich Deine Ehre verkündigen und der Gemeinde pflegen und warten soll. Aber Reinhold fühlte sich nicht einmal unwürdig, er empfand nur noch Gleichgültigkeit. Er saß da und dachte an nichts, bis er irgendwann die Kirchentür zufallen hörte und kurz darauf ein paar schiefe Töne von der Orgel. Schon seit längerem kommunizierte er mit der Organistin nur noch per Mail, der Mesner tat seinen Dienst wortlos und ohne ihn anzuschauen. Reinholds Hände waren steif vor Kälte, und er begann, hin und her zu gehen, um seinen Kreislauf wieder in Gang zu bringen. Sein Vorgänger hatte die Gemeindemitglieder jeweils an der Tür begrüßt, aber Reinhold brauchte diese Momente der Stille und betrat das Kirchenschiff erst während des Vorspiels. Auch das nahm man ihm übel.

Als er die Orgel hörte, räusperte er sich, zupfte an seinem

Talar und trat aus der Sakristei. Mit gesenktem Blick und schnellen Schritten ging er zu seinem Stuhl unter der Kanzel und setzte sich so, dass die Gemeinde ihn im Profil sehen konnte. Als die Orgel verstummte, wartete er einen Moment, bis das letzte Echo erstorben war, dann stand er auf und trat hinter den Opfertisch, auf dem zwei Kerzen brannten und Brot und Traubensaft bereitstanden. Die Kirche war leer.

Es dauerte einen Moment, bis Reinhold es begriffen hatte. Niemand war zum Gottesdienst gekommen. Nur der Mesner stand hinten neben der Tür beim Mischpult, und oben auf der Empore saß die Organistin mit dem Rücken zu ihm. Er war sicher, dass sie ihn durch den kleinen Spiegel beobachtete, der an der Orgel angebracht war. Er atmete einmal tief ein und aus, dann sagte er, Friede sei mit euch. Wir erheben uns zum Gebet. Er zögerte, als warte er darauf, dass jemand aufstehe, dann sprach er das Gebet wie an jedem Sonntag. Amen, hörte er sich sagen, wir singen Lied Nummer 161, Strophen eins bis drei. Kaum hatte er den Satz beendet, fing die Organistin zu spielen an, ihr schmaler Rücken und ihr Kopf bewegten sich voller Emphase, aber ihr Spiel war ohne Gefühl und ohne Liebe. Der Mesner stand da und hielt das Gesangbuch mit beiden Händen fest, ohne es zu öffnen. Liebster Jesu, wir sind hier, dich und dein Wort anzuhören. Reinhold sang laut, aber seine

Stimme klang brüchig. Wenn wenigstens Brigitte hier wäre, dachte er, aber vielleicht war es besser, dass sie seine endgültige Niederlage nicht miterlebte.

Nach der zweiten Strophe brach die Orgel plötzlich ab und Reinhold sah, wie die Organistin aufstand und wegging. Jetzt war nur noch seine Stimme zu hören und die Schritte der Organistin, die hastig und ohne sich um den Lärm zu kümmern die enge Treppe von der Empore herunterstieg. Sie blieb kurz beim Mesner stehen und flüsterte mit ihm, dann schlüpfte sie in den Mantel, den sie über dem Arm getragen hatte, und verließ die Kirche. Der Mesner folgte ihr hinaus, und die Tür schlug zu mit einem lauten Knall.

Unser Bitten, Flehn und Singen lass, Herr Jesu, wohl gelingen. Die letzten Worte verhallten im leeren Raum. Reinhold wartete, bis es ganz still war, dann blätterte er in der großen Bibel bis zur Stelle dieses Sonntags und begann, den Brief an die Römer zu lesen. Ich sage die Wahrheit in Christus, ich lüge nicht. Er stockte, musste husten. Er nahm einen Schluck Traubensaft aus dem Abendmahlskelch und fuhr fort: Ich habe große Trauer und

> Ihm war, als sehe er die Kirche voller Menschen, voller Schatten jener, die hier getauft und getraut worden waren

59

unaufhörliches Leid in meinem Herzen. Ich wollte nämlich, ich könnte selber ein Ausgeschlossener sein.

Er hatte über das Verhältnis von Juden und Christen sprechen wollen, über die Entwicklung im Nahen Osten und über Streit und Versöhnung, aber jetzt kam es ihm vor, als müsse er wie der Junge gestern im Fernsehen jedes Wort, jeden Buchstaben mühsam entziffern. Nach der Lesung betete und sang er noch einmal, und dann rief er, so laut er konnte, wir sind alle eingeladen zum Mahl des Herrn. Und plötzlich war es ihm, als sehe er die Kirche voller Menschen, voll der Schatten jener, die hier seit Hunderten von Jahren das Abendmahl gefeiert hatten, die hier getauft und getraut worden waren und im Tod begleitet. Sie erhoben sich und kamen auf ihn zu, und er reichte ihnen das Brot und den Wein, ein nicht endender Zug von Menschen. In diesem Moment fiel helles Sonnenlicht durch die farbigen Fenster der Kirche, und der Raum verwandelte sich, es war eine Explosion von Schatten und Licht. Das Kirchgestühl knackte und die Orgel hallte, es klang wie ein mächtiges Atmen, ein Erwachen nach langem Schlaf.

Reinhold fühlte, wie das Blut ihm in den Kopf schoss. Er nahm den Korb mit dem Brot und ging den Mittelgang entlang und aus der Kirche hinaus. Der Nebel hatte begonnen, sich aufzulösen, an einigen Stellen war schon der blaue Himmel zu sehen und im Osten die Sonne, die die Welt erstrahlen ließ, als sei sie neu gemacht. Auf dem Vorplatz standen einige Gemeindemitglieder in kleinen Gruppen zusammen. Sie schienen auf ihn gewartet zu haben, vielleicht hatten die Organistin oder der Mesner sie alarmiert, die bei ihnen standen. Sogar Brigitte war da. Reinhold ging auf sie zu und hob den Korb in die Höhe. Das Brot des Lebens, rief er. Die Menschen starrten ihn feindselig an und wichen vor ihm zurück.

Dann hörte Reinhold ein Kreischen und sah, als er den Kopf hob, eine Möwe über sich, die still zu stehen schien in der Luft. Er nahm ein Stück Brot aus dem Korb und warf es in die Höhe, und mit einer winzigen Flügelbewegung kippte die Möwe vornüber und fing das Brot im Flug. So nah flog sie an Reinholds Kopf vorbei, dass er den Luftzug ihrer Flügel zu spüren meinte. Und plötzlich war er von einem Schwarm von Möwen umgeben. Er warf mit dem Brot um sich, schließlich holte er aus und leerte den ganzen Korb mit einem Schwung. Wir sind alle eingeladen, rief er ausgelassen. Die Schreie der Vögel klangen wie irres Lachen und auch Reinhold musste lachen, konnte nicht aufhören zu lachen, denn nach vielen dunklen Wochen war endlich der Tag des Herrn gekommen.

V

Du sollst deinen Vater
und deine Mutter
ehren, auf dass dir's
wohlgehe und du lange
lebest auf Erden

Maus in der Wasserleitung

von Thommie Bayer

Ich hätte eigentlich was merken müssen, aber ich bin wohl naiv, ich dachte mir nichts dabei, als Wolf damit anfing, sich über Kitti zu beklagen. Wolf ist mein Vater, Kitti meine Mutter – sie hatten mal richtige Namen, als sie jung waren, aber damals war die Welt noch eine Scheibe – seit ich mitreden darf, heißen sie Wolf und Kitti.

Von ihr hätte es mich nicht gewundert, sie textet mich schon mal zu an ihren schlechteren Tagen mit einer Arie über seine Fehler, das bin ich gewohnt, und es macht mir schon lange nichts mehr aus – ich verteidige ihn auch nicht mehr groß, so, wie ich das früher noch versucht habe, ich spiele Kitti einfach die schwesterliche Solidarität vor, die sie von mir zu erwarten scheint, gleichzeitig schalte ich auf Durchzug und denke, während sie jammert, über irgendwas Schöneres nach – der Text ist immer derselbe, und sie braucht keinen Rat, sie will nur auf mich draufschwatzen. Danach geht's ihr besser. Sagt sie jedenfalls immer.

Kitti ist sechsundvierzig, ich bin fünfundzwanzig, wir sind keine Schwestern. Und auch keine besten Freundinnen – ich bin ihr Kind. Und obwohl ich erwachsen bin und es mich eigentlich nichts mehr angehen sollte: Es macht mir Angst, wenn sich die Liebe meiner Eltern, ihr Einverständnis und ihre Zusammengehörigkeit, auf einmal als Fassade erweist, die dem kleinsten Regenschauer nicht standhält. Mir kommen die Anlässe immer nichtig vor, ich finde, wegen einer unachtsamen Bemerkung oder eines mürrischen Blickes legt man sich nicht eine Ehe zur Analyse vor und zählt dann alles Schlechte doppelt, alles, was schiefgeht, hat der andere zu verantworten, in Kittis Falle Wolf, sie will sich als Opfer fühlen und es im Großen und Ganzen nicht gewesen sein. Von mir aus. Ich nehme sie nicht ernst, wenn sie so drauf ist.

Aber Wolf nehme ich ernst. Er ist mein Held gewesen, seit ich wusste, was ein Held ist, ich war immer stolz auf ihn und habe den Neid und die Bewunderung meiner Freundinnen genossen, die mich über ihn auszufragen versuchten, in seiner Gegenwart glänzende Augen bekamen, die Haare in den Nacken warfen und sich so klug wie möglich gaben – ich glaube sogar, dass sich Hanna, meine beste Freundin, am Anfang nur für mich interessiert hat, weil ich seine Tochter war. Sie hat ihn immer angehimmelt. Ich musste innerlich darüber kichern und sonnte mich gleichzeitig in ihrem Interesse an ihm und in der Sicherheit, dass er mich liebte und sie nur davon träumen durfte. Ich genoss das Privileg, die Tochter des beliebtesten Lehrers an unserer Schule zu sein. Er war ein König und ich seine Prinzessin.

> **Ich genoss es, die Tochter des beliebtesten Lehrers an der Schule zu sein. Er war ein König und ich seine Prinzessin**

Im Gegensatz zu Kitti hat er mich auch immer ernst genommen. Wenn ich etwas sagte, dann verstand er das so, wie ich es sagte, und fing nicht an, herumzuinterpretieren, was ich damit eigentlich meinen würde, was da psychologisch eigentlich dahinterstecken oder unausgesprochen darunterliegen musste – das, was ich sagte, war für ihn das, worum es ging, und es verdiente und bekam eine Antwort. Ich weiß nicht mehr, wann ich das begriffen hatte, diesen Unterschied zwischen ihnen, aber ich weiß noch, dass es mir Sicherheit gab – ich wusste, wenn ich mit Wolf darüber rede, dann schrumpft mein Problem. Wenn ich Kitti ins Vertrauen zog, über irgendwas, was mich bedrückte, dann tröstete sie mich zwar, aber es war immer so, als würden wir um meinen Kummer herumtanzen, anstatt an ihm vorbei, durch ihn hindurch oder über ihn wegzukommen. Der Kummer verschwand nicht und änderte seine Gestalt nicht – für Kitti sind Sorgen und Probleme so was wie ein Heiligtum, das man anbetet. Für Wolf sind sie wie ein quer über den Weg gefallener Baum. Man kann daran ziehen, ihn zersägen, drunter wegrobben oder drüberklettern. Man kommt weiter.

Ich will nicht irgendwie herablassend klingen. Kitti ist meine Mutter, ich mag sie, nein, ich liebe sie, finde sie schön und klug und stark und habe gelernt, ihre Zudringlichkeit und ihr raumgreifendes und übergriffiges Wesen als das zu nehmen, was es ist, nämlich Liebe. Ihre Art von Liebe, die lästig sein kann, die man manchmal abwehren oder bremsen muss, die aber immer herzlich und warm ist.

Ich will Wolf und Kitti nicht vergleichen, sie ist eine Frau, er ein Mann, ich bin aus beiden entstanden und habe von beiden Wesenszüge und Genmaterial geerbt, ich weiß (nicht zuletzt aus langen Gesprächen mit Wolf), wie verschieden Mann und Frau sein können, und ich habe nichts dagegen, sie sind mir beide recht, so wie sie sind, ich liebe sie und bin alt genug, mich nicht mehr für traumatisiert zu halten, nur weil sie auch mal ungerecht waren oder in ihrem Urteil über mich falschgelegen haben.

Ich will auch nicht altklug erscheinen – ich bin erst fünfundzwanzig, so lange ist das noch nicht her, dass ich mich als erwachsen empfinde und glaube, mein eigenes Leben selbst entwerfen zu können. Seit ich in Köln studiere und nur noch hin und wieder nach Hause fahre, kreist mein Leben nicht mehr um die beiden, ist nicht mehr automatisch von ihnen flankiert und vor allem kommentiert – ich bin meine eigene Herrin und weiß, dass eine neue Phase angefangen hat – ich stehe auf eigenen Füßen.

Trotzdem macht es mir die Sohlen rutschig, wenn Kitti über ihn herzieht – er sei ein Rechthaber, er korrigiere sie andauernd, nichts, was sie je sage, könne er so stehenlassen, irgendeinen Senf habe er immer dazuzugeben, als ginge es darum, ihr immer aufs Neue zu zeigen, wie dumm sie sei. Und es macht mir den Himmel düster und die Atemluft dick, wenn er neuerdings so nebenbei fallenlässt, dass Kitti immer im Recht sei, immer kritisieren müsse und immer ein Gefühl verbreite, sie sei im falschen Leben gelandet, ihr stünde was Besseres zu als ein Mann wie er und ein Leben wie das, was sie führen.

Manchmal dachte ich, es liegt an mir. Weil ich ausgezogen

bin, stehen sie plötzlich vor einem Vakuum und haben nicht mehr genug Gemeinsames, um zufrieden miteinander zu sein. Vielleicht war ich ja das Bindeglied, und sie haben durch meinen Weggang ihren Adapter verloren. (Dass ich auf ein Wort wie Adapter komme, liegt daran, dass ich Ingenieurwissenschaften studiere – für eine Exprinzessin seltsam, aber ich war gut in Mathe und Physik und will in die Wissenschaftstechnik. Mag sein, weil Wolf mir als Kind eine Kiste voller Legosteine geschenkt hat.)

Vielleicht geht es ja vielen so, dass sie beim Erwachsenwerden auf einmal begreifen, wie wenig sicher die Welt war, in der sie aufgewachsen sind, dass der Friede zwischen Gottvater und Gottmutter nur eine Art Theateraufführung war, die in Wirklichkeit einen bloßen Waffenstillstand kaschieren sollte – vielleicht ist das ja das Eigentliche am Erwachsenwerden, dass man die Sicherheit nicht nur verliert, sondern auch begreift, dass man sie nie hatte, dass man nur im Unklaren über die Gefahr gelassen wurde.

Der Familienfrieden war nur eine Art Theateraufführung, die einen bloßen Waffenstillstand kaschieren sollte

Ich rede schon wie Kitti. Viel Text, viel Drumherum, viel

Spekulation und Nebensachen und sonst was, um nur nicht aufs Thema kommen zu müssen.

Eines Tages passte Wolf mich vor der Mensa ab und sagte, er wolle mich mal entführen. Wir nahmen die Straßenbahn zur Südstadt und spazierten durchs Belgische Viertel, tranken Cappuccino, aßen Eis und redeten. Das heißt, er redete, ich hörte nur zu. Kitti sei egozentrisch, kreise nur um sich selbst, interessiere sich für nichts außer Tratsch mit ihren Freundinnen und ihren Job (sie macht das Layout bei einem Wochenmagazin), und sie nörgle ununterbrochen an ihm herum. Wenn er mal koche, sei das Essen nicht in Ordnung, wenn er den Tisch decke, lägen die Messer falsch, wenn sie ausgingen, trüge er die falschen Schuhe – es gäbe einfach nichts mehr, das er ihr recht machen könne. Ich versuchte, zaghaft anzumerken, dass sie fast genau dasselbe über ihn sagte, aber

Erst nachdem wir uns verabschiedet hatten, bemerkte ich, dass er mir auf einmal fremd geworden war

er schnaubte nur, als sei das klar, ein für jeden, auch für mich leicht zu durchschauendes Manöver von ihr, das jeder wahrhaftigen Grundlage entbehre, eine Projektion der eigenen Fehler auf den anderen, um von sich abzulenken, ein Trick, der weiter nicht kommentiert oder gar bedacht werden müsse.

Ich konnte mir vorstellen, was los war. Die beiden waren einfach nicht mehr entzückt voneinander. Wenn Wolf jetzt auch mit dieser Leier kam, dann gingen sie sich eben auf die Nerven und müssten vielleicht lernen, ein bisschen mehr Platz zu lassen zwischen sich und dem anderen, damit sich in diesem Platz wieder etwas entwickeln konnte. Etwas, das sie für sich selber hatten, oder etwas, mit dem sie den anderen gar wieder ein wenig beeindrucken konnten. Ich kam nicht dazu, das zu sagen. Er fing von Sex an. Ich wiederhole das hier nicht. Es war zu viel für mich. Nichts irgendwie Besonderes war daran, die Tatsache allein, dass mich mein Vater dazu brachte, mir ihn und Kitti im Bett vorzustellen, war ohne Worte. Das ist das Letzte, was ich brauche, meine eigenen Eltern beim Sex vor Augen zu haben. Ich weiß, wie Sex geht, und finde nichts irgendwie eklig oder sündig daran, aber den meiner Eltern brauche ich nicht auf Video.

Erst nachdem wir uns verabschiedet hatten, bemerkte ich, dass er mir auf einmal fremd geworden war. Der Mann, der da von mir weg in Richtung Hohe Straße latschte, war gekleidet wie ein Student. Turnschuhe, Jeansjacke, Cargohosen und ein T-Shirt, er ähnelte meinem Vater nur noch in der Gestalt, aber nicht mehr im Stil. Es fühlte sich für einen Moment so an, als hätte ich ihn oder zumindest etwas Wichtiges an ihm verloren. Er hatte immer gute, lässige Jacketts getragen, bequeme, aber immer lederne Schuhe und weich um seine Beine fallende Hosen. Er war ein erwachsener Mann gewesen. Dieser hier war unreif. Der wusste nicht, wohin mit sich. War das die Midlife-Crisis? Kann man die noch mit achtundvierzig kriegen? Ich fühlte mich auf einmal sehr allein und klein und wie eine Maus in der Wasserleitung, die es schon in der Ferne irgendwo rauschen hört. Ich brauchte jemanden zum Reden.

Nicht Kitti, die war ja Teil des Problems, mit ihr konnte ich nicht rechnen. Studienkollegen oder die aus meiner Wohngemeinschaft kamen auch nicht infrage, weil ich mich mit niemandem bisher so richtig angefreundet hatte. Nicht so wie mit Hanna, die nach der Schule gleich in die Firma ihrer Eltern, ein Sanitätsgeschäft, eingestiegen war. Wir telefonierten ein paar Mal in der Woche. Ich erwischte sie auf dem Weg ins Gym.

„Hast du Wolf in der letzten Zeit mal gesehen?", fragte ich.

„Wieso?"

„Er ist irgendwie von der Rolle. Er hat mich besucht und mir ein Ohr abgekaut, und jetzt weiß ich nicht mehr, was ich denken soll. Ich kenne ihn kaum noch, so anders ist er auf einmal."

„Wie anders?"

„Wie ein kleiner Junge oder so was. Kein achtundvierzig-
jähriger, seriöser Mann."

Sie lachte am anderen Ende der Leitung.

„Wieso lachst du?", fragte ich.

Sie schwieg eine Weile, und dann sagte sie ganz langsam
und mit einem mir an ihr völlig unbekannten Nachdruck:
„Was würdest du davon halten, wenn wir zusammen wären?"

„Wie meinst du das", fragte ich, „soll ich zu dir kommen?"

Sie lachte wieder. Das Lachen gefiel mir nicht.

„Nein", sagte sie, und es klang herablassend, „ich meine
Wolf und mich."

Ich legte auf. Und rief Hanna nie wieder an. Und Wolf
nicht. Und wenn ich Kittis Nummer auf dem Display erkenne,
geh ich nicht ran.

VI

**Du sollst
nicht töten**

KYNOCH
·577″/·450″
SOLID
MARTINI-HENRY CARTRIDGES
(CARBINE)
SMOKELESS

SOLID LEAD BULLET 410 GRNS.

QUANTITY
10

25 EXPRESS.
.40 CAL. 260 GRS.
GROOVED BULLETS
FOR
Colt's New Lightning and Marlin
Magazine Rifles
Manufactured by
Union Metallic Cartridge Company
Bridgeport, Conn.

50 SOLID HEAD CARTRIDGES
FOR
SMITH & WESSON
38-100 REVOLVER
MANUFACTURED BY THE
American Metallic Cartridge Co.
S.O. COVENTRY, CONN. U.S.A.

Du sollst nicht töten

von Friedrich Ani

„Ein Schatten bin ich ferne finsteren Dörfern. / Gottes Schweigen / Trank ich aus dem Brunnen des Hains." So schrieb Georg Trakl in seinem Gedicht „De profundis", benannt nach dem 130. Psalm, der anhebt mit den Worten: „Aus der Tiefe rufe ich, Herr, zu dir. Herr, höre meine Stimme! Lass deine Ohren merken auf die Stimme meines Flehens."

War da ein Flehen in jener Januarnacht, als der siebzehnjährige Felix das Haus seiner Eltern verließ, begleitet von seiner Schwester, deren Freundin und seinem besten Freund Torben, bewaffnet mit mehreren Küchenmessern, scheinbar sanftmütig und unauffällig wie sonst auch? Schrie es im Innern des Schülers? „Ich harre des Herrn, meine Seele harret, und ich hoffe auf sein Wort. Meine Seele wartet auf den Herrn mehr als die Wächter auf den Morgen."

Stille, nichts als Stille. Und Gottes Schweigen in dem 200-Seelen-Dorf. Und zwei Jungen fern aller Vergebung, zwei Schatten, ein jeder abgespalten von dem Ich, das die anderen kennen, vom hilfsbereiten, höflichen, netten Ich, zwei gerngesehene Freunde, ordentliche Schüler, die keinem Lehrer Kummer bereiten. Aber jetzt, in dieser Nacht, in dieser Stunde, tragen sie sechs Messer bei sich. Und als der Nachbar, dessen Sohn ein Kumpel der beiden ist, die Haustür öffnet, hebt der unscheinbare Felix den Arm und fordert den Mann auf, sich hinzuknien. Das tut der Mann nicht.

„Errette mich, Herr, von den bösen Menschen; behüte mich vor den Gewalttätigen, die Böses planen in ihrem Herzen ..."

Gottes Schweigen.

Und Felix. Und sein Begleiter. Unzählige Male stechen sie zu. Sie töten den Mann. Dann laufen sie die Treppe hinauf. Auf einmal steht da ihr Kumpel, er reagiert schnell und schließt sich im Zimmer ein. Er sieht nicht, was mit seiner Mutter geschieht.

Zweiundsechzig Messerstiche. Zweiundsechzig Messerstiche im Körper eines einzigen Menschen.

Aber sie atmet noch. Und Felix befiehlt Torben, die Freundin seiner Schwester zu holen, mit der sie bei seinen Eltern zu Abend gegessen haben, und die sie, bevor sie an der Haustür klingeln, wie aus Spaß in einem Schuppen einsperren. Was der Sohn im verriegelten Zimmer nur ahnt, muss das Mädchen mit ansehen: Wie Felix der sterbenden Frau mit dem Messer ein letztes Mal in den Kopf sticht.

Er ging aufs Gymnasium. Er nahm keine Drogen. Er trieb sich nicht herum. Er bastelte mit seiner Mutter Marionetten. Er engagierte sich gegen Rechtsradikalismus und nahm einen Kumpel vor Skinheads in Schutz.

Die Eltern dieses Kumpels schlachtete er später ab.

Er saß viele Stunden vor dem Computer, spielte üble Spiele, Final Fantasy VII, Doom 3, World Of Warcraft. War der Computer die Schlange, die ihn böse machte? Ist er vielleicht verrückt geworden? War er in jener Sonntagnacht geistig umnachtet? Litt er unter einer Psychose?

Er wollte, dass das Mädchen sieht, was für ein Kerl er ist. Ein Held. Einer, vor dem man sich fürchten muss. Kein

Weichei, nicht der Nette von nebenan, den alle zu kennen glaubten. Der war er doch immer nur zum Schein. Nach seiner Verhaftung finden seine Eltern ein Tagebuch, in dem er seine letzten Fantasien ausgelebt hat, immer wieder, Fantasien der Allmacht, der Zerstörung, des Untergangs der Schwachen und Wehrlosen, Fantasien des Todes und der Auslöschung der Welt. Wenn Felix die Tür seines Zimmers schloss und die Falltüren zur Unterwelt seines Computers hochzog, nahm er die Gestalt eines unbesiegbaren Kriegers an, der mit Messern und Schwertern dem Pack der Menschheit bei lebendigem Leib das verlogene Herz aus dem Leib riss.

Ist das eine Wahrheit? Erklärt der apokalyptische Reiter im Kopf des siebzehnjährigen Felix seine Untaten? Andere Jugendliche spielen ebenso Computer, rasen auf dem Weg zum Erwachsenwerden wieder und wieder innerlich gegen die Wand und kommen dennoch unversehrt aus ihrem Zimmer und erkennen die Unterschiede. In der Untersuchungshaft begann Felix, in der Bibel zu lesen. Einen Computer vermisste er nicht, er schrieb sanftmütige Briefe an seine Familie.

„Auf meine Stirne tritt kaltes Metall. / Spinnen suchen mein Herz. / Es ist ein Licht, das in meinem Mund erlöscht," dichtete Trakl. Ist das eine Wahrheit: Aus Verzweiflung verabreicht eine 31-jährige Mutter in einem Dorf in Schleswig-

Holstein ihren drei bis neun Jahre alten Kindern Tabletten und erstickt sie, nachdem sie eingeschlafen sind, mit einer Plastiktüte. Fünf Jungen: Jonas, Justin, Ronan, Liam, Aidan. Im 450-Seelen-Dorf kannte man sie alle, man wusste: Liam war mit einem Herzfehler zur Welt gekommen und Autist. Steffi, seine Mutter, versuchte, ihm beizustehen, wo es nur ging, gern hätte sie genügend Geld für eine Delfintherapie zusammengebracht, unermüdlich sammelte sie Informationen übers Internet. Unermüdlich? Niemand ist unermüdlich, schon gar nicht eine Mutter, die fünf Jungen versorgen muss, tagein, nachtaus.

Du sollst nicht töten.

Du sollst nicht töten. Das erlöschende Licht im Mund einer Mutter. Wie dunkel muss es sein, um das eigene Kind mit einer Plastiktüte zu ersticken? Das erste Kind, dann das zweite. Dann das dritte. Dann den kranken Liam, der so sehr in sich eingekapselt lebte, dass er vielleicht den Kummer, der seine Mama auffraß wie ein Krebs, gar nicht bemerkte. Irrglaube. Jedes Kind nimmt den Kummer der ganzen Welt wahr, das wusste Steffi genau, auch wenn es später hieß, sie sei psychisch krank und schuldunfähig. Und so erstickte sie den kranken Liam und noch das fünfte Kind, dann rief sie einen Arzt an und bekannte ihre Schuld. Nach Auffassung des Untersuchungsrichters stellte Steffi „eine Gefahr für die Allgemeinheit" dar, deswegen wurde sie in einer psychiatrischen Anstalt untergebracht.

Aus dem Feuer und der Wolke und dem Dunkel sprach der Herr zu Moses mit großer Stimme und schrieb auf eine steinerne Tafel: DU SOLLST NICHT TÖTEN.

Drei Babys tötete eine 28-Jährige in einem kleinen sächsischen Dorf, eines nach dem anderen, immer sofort nach der Geburt, niemand hatte bemerkt, dass sie schwanger war, nicht einmal ihr Freund. Ist das zu glauben? Kann das eine Wahrheit sein? „Soziale Verwahrlosung", „Depersonalisation". Wähnen wir uns in der Obhut solcher Erklärungen in Sicherheit? Schuf Gott das Hormon Oxytocin, das der medizinischen Forschung zufolge die Bindungsfähigkeit der Mutter zu ihrem Kind gewährleistet? Vergisst Gott das Hormon bei manchen Müttern, oder hat er es bei ihnen falsch dosiert? Und handeln diese Frauen dann nicht nur gegen ihre Kinder,

In manchen Nächten erscheint das sechste Gebot wie ein hämisches Echo auf das Schweigen Gottes

sondern vor allem gegen sich selbst? Ist das, was sie planen und schließlich in die Tat umsetzen, eine Art erweiterter Selbstmord – mit dem Unterschied zum klassischen Modell, dass sie dabei selbst am Leben bleiben? Warum auch immer: weil ihre

Kräfte nicht mehr reichen? Weil sie wissen, sie würden den Rest, die Selbstabschaffung, später erledigen, in der Stille einer Arrestzelle, am Gipfelpunkt der Vereinsamung?

Der Kindsmord, sagt die Literaturwissenschaftlerin Elisabeth Bronfen, sei eine „Chiffre dafür, was es bedeutet, radikal verlassen zu sein, der Welt entrückt, nichts mehr da. Die Zerstörung des Kindes heißt, jegliche Bindung zu dieser Welt zu kappen." Wenn das zutrifft, was bleibt dann einem Mörder, außer sich selbst umzubringen, um die elementare Vereinsamung ein für alle Mal zu überwinden?

Du sollst nicht töten.

In der Geschichte des Christentums war auch der Selbstmord eine Zeit lang geächtet, eine Todsünde, die Leichen von Selbstmördern wurden geschunden, verbrannt, auf keinem Gottesacker begraben. Heute ist der Selbstmord keine Schande, er ist ein Tabu – und doch ein tägliches Ereignis, überall auf der Welt. Einsamkeit gebiert Täter, Hass gebiert Täter, Dummheit gebiert Täter, blinder Gehorsam gebiert Täter. Wir erheben die Hand gegen uns selbst, wenn wir vor lauter Schatten in uns keine Luft mehr kriegen; gegen den nervigen Nachbarn, der zufällig unseren Weg kreuzt; gegen den dunkelhäutigen Fremden, dem wir endlich volltrunken heimleuchten; gegen den unbekannten Soldaten, der angeblich unser Feind ist.

DU SOLLST NICHT TÖTEN. Warum steht da nicht: Du DARFST nicht töten? Weil Gott von Anbeginn an um unser armseliges Ringen wusste, um unsere mickrigen Strategien der Selbstbehauptung, um unser Scheitern?

Angesichts der Welt und derer, die sie Tag für Tag sehenden Auges und klaren Verstandes Stein um Stein zerstören, erscheint das sechste Gebot in manchen Nächten wie ein hämisches Echo des Schweigens Gottes im Brunnen des Hains.

„Und ich sah die schwarze Hölle in meinem Herzen. "
Georg Trakl, „Offenbarung und Untergang"

VII

**Du sollst nicht
ehebrechen**

Die langen Blicke

von Wilhelm Genazino

Natürlich bekenne ich mich zu meiner Tücke. Aber ich habe in meiner Situation keine andere Möglichkeit mehr gewusst, um mir Gewissheit zu verschaffen. Seit ungefähr einem halben Jahr plagt mich das Gefühl, dass Elisa mich betrügt. Ich habe ihr meinen Verdacht nicht mitgeteilt; ich warte immer noch darauf, dass sie mir eine Art Geständnis macht. Aber sie ist verstockt und sagt keinen Ton. Ich dachte, mein Gott, jetzt gewöhnen auch wir uns an das Massenunglück.

Von Elisa aus gesehen sind die Voraussetzungen günstig. Aus beruflichen Gründen bin ich fast jede Woche unterwegs. Ich fahre am Montagmorgen los und kehre oft erst im Laufe des Freitags zurück. Insofern kann Elisa die ganze Woche über frei schalten und walten.

Vor der Heimkehr am letzten Freitag habe ich einen kleinen Zettel geschrieben. Ich habe mir Mühe gegeben, meine Hand so zu führen, dass sie das Bild einer an das Schreiben nicht gewöhnten, fast ungelenken Frau hervorruft, jedenfalls meiner Vorstellung nach. Ich schrieb nur einen einzigen Satz auf den Zettel: Bitte vergiss nicht, das Fenster zu schließen, bevor du die Wohnung verlässt. Den Zettel steckte ich in die Brusttasche eines meiner schmutzigen Hemden. Schon am Tag danach, am Samstagmorgen, wenn Elisa üblicherweise meine Hemden in die Waschmaschine stopft, dauerte es keine Stunde, bis Elisa den Zettel in meinem anthrazitgrauen Hemd entdeckt hatte. Ich war nicht dabei, als Elisa den Zettel aus der Hemdtasche herausholte und den Text las. Ich hörte nur im Wohnzimmer nebenan, wie sie plötzlich den Schwung ihrer Handlungen für etwa eine halbe Stunde unterbrach. In dieser halben Stunde, denke ich, entdeckte sie den Zettel, las ihn, las ihn mehrfach, lehnte sich etwa eine halbe Stunde lang gegen die rechte Wand des Badezimmers (wo die Waschmaschine untergebracht ist) und stellte sich auf die neue Lage ein. Nach Ablauf von etwa dreißig Minuten nahm sie ihre gewohnte Tätigkeit wieder auf. Sie füllte die Trommel vollständig mit meiner und ihrer Wäsche, stellte die Maschine an und verließ das jetzt geräuschvolle Badezimmer.

Auch sonst hielt Elisa das Verlaufsschema des Samstags ein. Sie richtete die Einkaufstaschen und Netze für den Wochenendeinkauf zurecht. Eine sonst übliche Frage unterblieb. Gewöhnlich fragt sie mich, ob ich die schweren Sachen (Kartoffeln, Bier, Wein, Milch, Äpfel und so weiter) einkaufe. Sie fragte mich nicht und fuhr einfach los. Schon durch diese Unterlassung fühlte ich, dass mein Verdacht ins Schwarze getroffen hatte. Elisa brauchte lange zum Einkaufen. Vermutlich überlegte sie, was sie sagen sollte, oder ob es, zumindest vorerst, nicht vielleicht besser sein würde, den Mund zu halten. Aber so, wie ich Elisa kenne, ist es ihr nicht möglich, lange zu schweigen.

Nach dem Mittagessen zeigte sie mir den Zettel. Sie wollte leichthin sprechen oder sogar ironisch sein und tat mir deswegen ein bisschen leid.

Schau mal, sagte sie, was ich gefunden habe.

Ich nahm den Zettel und tat, als würde ich ihn zum ersten Mal sehen.

Ich las den Text und machte: Oh!!

Sie wartete auf eine weitere Reaktion, ich blieb still. Mehr ereignete sich nicht. Mein Schweigen schien eine Anerkennung meiner Schuld zu sein. Elisa steckte den Zettel in ihre Rocktasche und ging weg.

Am Frühabend sagte sie: Was machen wir denn jetzt?

Ich wollte nicht direkt schwindeln und hielt den Mund. Kenne ich die Frau oder ist es eine aus der Firma, fragte Elisa.

Ich blieb zurückhaltend.

Dann ging meine Rechnung plötzlich auf, wie ich es mir klarer nicht hätte vorstellen können.

Du solltest nicht denken, sagte Elisa, dass ich überrascht oder beleidigt bin; auch ich habe einen anderen.

Vermutlich hatte sie erwartet, dass ich jetzt reden würde. Ich fühlte Genugtuung, obwohl ich auch stark verletzt war. Eine Weile spielte ich mit dem Gedanken, ob ich das Geständnis sofort machen sollte. Du bist auf einen Trick hereingefallen! Du hast dich selbst überführt – ohne einen einzigen Satz von mir! Aber dieses Geständnis wäre vermutlich noch gemeiner gewesen als der ganze Zetteltrick.

Ich verließ den Tisch, ging in das Badezimmer und

In der Stunde meines Todes werde ich wahrscheinlich zu lange auf ein Handtuch am Bettrand sehen

schloss mich ein. Wie oft ich schon im Badezimmer gewesen war und mit langen Blicken die Dinge betrachtet habe. Meine und Elisas Zahnbürste, meinen Rasierapparat, Elisas Wimperntusche, die Packung mit den Tampons, das Cellophan-säckchen mit den Wattebäuschen. Zwischendurch dachte ich: Sie betrügt dich, du bist verletzt, aber du bist raffinierter als sie, das zählt. Dann fing ich wieder von vorne an, die Gegenstände zu betrachten. In der Stunde meines Todes werde ich wahrscheinlich zu lange auf ein Stück Seife auf dem Waschbecken oder auf ein Handtuch am Bettrand sehen. Die langen Blicke setzten irgendwann in meiner Kindheit ein, als es mir plötzlich gefiel, armselige Grasbüschel anzuschauen.

Meine Eltern gingen abwechselnd in den Keller, wenn sie Probleme miteinander hatten. Der Keller, eine gute Wahl

Der Gedanke an meine Kindheit war nicht gut. Prompt fielen mir meine toten Eltern ein. Ich darf sagen, dass es in meiner Kindheit keinen einzigen Tag gab, an dem sich meine Eltern nicht über zu wenig Geld, über schlechte Behandlung oder über mangelndes Lebensglück stritten. Mysteriös fand ich schon als Kind, dass die Eltern häufig noch am gleichen Tag wieder friedlich beisammensaßen und über andere Dinge redeten. Insofern hatte ich als Kind an keinem einzigen dieser trüben Tage das Gefühl, dass sich meine Eltern gegenseitig verlassen könnten,

Bei mir ist es genau umgekehrt. Ich bin seit über zehn Jahren verheiratet, ich bin zum ersten Mal (zugegeben: massiv) gekränkt, und schon überlege ich mir, ob ich nicht fliehen soll. Das kann doch nicht mit rechten Dingen zugehen! Ebenfalls zum ersten Mal spiele ich mit dem Gedanken, ob ich mir nicht an der Problemgleichgültigkeit meiner Eltern ein Beispiel nehmen soll. Diese Erwägung überrascht mich beinahe mehr als die Untreue von Elisa. Plötzlich sind deine armseligen Eltern ein Vorbild. Ich mag mein Rasierzeug nicht mehr anschauen. In diesen Augenblicken wird es zu einem schäbigen Zeugen meines Lebens. Das heißt, mein Leben ist gar nicht schäbig, nur sein Zeuge, das Rasierzeug, führt sich ein bisschen elend auf. Ich nehme Rasierpinsel, Rasierseife und Rasierapparat und verstecke das Ganze in einem seit Jahren freien Fach im Badezimmerschrank.

Ich werde nicht fliehen, aber den Gedanken der Flucht kann ich trotzdem nicht sofort aufgeben. Meine Eltern gingen abwechselnd in den Keller, wenn sie Probleme miteinander hatten und nicht mehr weiterkamen. Auf diesen Gedanken kommt heute vermutlich kein Ehepaar mehr, obwohl der Keller als Raum eine gute Wahl war. In der Kühle und Unwirtlichkeit eines Kellers kommt der Mensch schneller zur Vernunft als sonstwo. Meine Eltern gingen nicht gleichzeitig in den Keller, sondern nacheinander. Erst mein Vater, dann die Mutter. Der Vater saß auf dem Hackklotz und starrte auf die Briketts. Die Mutter öffnete einen Karton und suchte einen der Liebesbriefe, die sie als junges Mädchen an meinen Vater geschrieben hatte. Einmal habe ich sie dabei überrascht. Obwohl sie noch eben mit meinem Vater gestritten hatte, war sie guter Laune. Sie las mir aus ihrem Liebesbrief vor und kicherte dabei.

Aber es gibt ja nicht nur den Keller, sondern auch den Balkon. Auch dort kann der Mensch in Ruhe abkühlen. Ich verließ das Badezimmer, ging an der Küche vorbei (wo ich durch die Milchglasscheibe die vor sich hinschmorende Elisa sah), durchquerte das Wohnzimmer und betrat den Balkon. Leider kühlte ich nicht ab, im Gegenteil, ich wurde noch hitziger. Ich überlegte, ob ich mir nicht tatsächlich eine Geliebte anschaffen sollte. Ich dachte an Frau Sattler aus der Firma. Sie suchte häufig meine Nähe und teilte mir eigenartige Details aus ihrem Privatleben mit. Solche Details sagt man nur jemandem, wenn man sich sicher wähnt, dass der andere in der Mitteilung der Details den Wunsch nach einer Annäherung erkennt. Dann stellte ich mir Frau Benz als Geliebte vor. Sie ist die Frau eines Kollegen, mit der ich schon öfter in die Anfänge amouröser Vorgänge verstrickt war. Als dritte Möglichkeit suchten sich meine Fantasien Frau Kottka aus, die mir allerdings nicht wirklich gefiel, weil sie sich ein wenig zu nuttenhaft kleidete.

Nach zehn Minuten gestand ich mir ein, was ich schon wusste: Du willst keine Geliebte. In gewisser Weise saß ich in meiner eigenen Raffiniertheitsfalle. Ich konnte ja nicht vor Elisa hintreten und sagen: Der Zettel war nur eine Finte. Dafür war es jetzt zu spät. Ich fand keinen Ausweg. Als leibhafter Schrecken meiner selbst verließ ich den Balkon und setzte mich ins Wohnzimmer. Wahrscheinlich wartete ich, dass Elisa ein paar bessere Einfälle hatte als ich. Aber ich weiß nicht genau, worauf ich wartete.

VIII

**Du sollst nicht
stehlen**

Die Greisin, der Soldat und das dicke Mädchen

von Eva Demski

Sie lebten alle zusammen in einer Wohnung, die Greisin, der Soldat und das dicke Mädchen. Die Wohnung gehörte der Greisin. Sie allein benutzte den vorderen Eingang, der Soldat und das Mädchen teilten sich den Hintereingang, durch den in fernen Zeiten Dienstboten und Lieferanten gegangen waren. Die Greisin konnte sich an diese Zeiten gut erinnern. Sie sprach oft von ihnen.

Der Soldat und das Mädchen waren ihre Untermieter. Sie vermiete nicht des Geldes wegen, beileibe nicht, auf den Gedanken möge keiner wagen zu kommen. Sie wolle nur nicht allein sein. Und, da hatte sie recht, Platz gab es genug in der

Wohnung. Der Soldat war ein höherer Dienstgrad, so vornehm wie arm. Er arbeitete bei irgendeiner militärischen Behörde. Das dicke Mädchen studierte Sprachen und genoss das Leben, soweit ihre Mittel es zuließen. Wenn ihr das Geld ausging, jobbte sie in einer Weinkneipe in der Altstadt. Dort saß dann auch der Soldat, schwieg, lächelte höflich und trank den Wein, den das dicke Mädchen ihm hinstellte. Sie hatten einander gern, die beiden Untermieter.

Die Greisin mochte es nicht, wenn sie ausgingen. Ihr Gebiss klickte, wenn sie sprach, besonders wenn sie sich aufregte. Ja, Bälle, das wäre etwas anderes gewesen. Da lernte ein Mädchen geeignete Männer kennen! Aber eine ordinäre Kneipe! Dennoch könntet ihr mich mal mitnehmen!

Das dicke Mädchen war zwanzig, der Soldat an die fünfzig, die Greisin hatte mit fünfundsiebzig aufgehört zu feiern und zu zählen. Das war schon einige Jahre her. Sie war der abgestorbene letzte Zweig eines Stammes von Kohlebaronen, und in ihrer weitläufigen Wohnung türmten sich die Reste einstigen Glanzes, Boullemöbel, Aubussonteppiche, Meissener Geschirr, sonderbar mächtige Gefäße aus Silber, deren Verwendungszweck nicht zu erkennen war. Stapel von bestickter Wäsche für die Gespenster der Vergangenheit, an den Knickstellen vergilbt. Bücher längst vergessener Modeautoren, in Maroquinleder gebunden, Widmungen von Toten für Tote in verblasster Sütterlinschrift.

Das dicke Mädchen liebte das alles und die Räume, in denen die Teppiche doppelt und dreifach lagen und man die Holzwürmer so regelmäßig ticken hören konnte, als seien sie Uhren. Es war wie im Märchen.

Abends saß die Greisin in ihrem Petit-point-Sessel, klein und krumm, im Seidenkleid, und zeigte dem Soldaten und dem dicken Mädchen ihren Schmuck. Mit jeder Perlenschnur zog sie Geschichten aus dem großen, doppelt verschließbaren Holzkasten, auf dem Samt verschossen Brillanten ihre Blitze, und sie nannte das Mädchen „Herzchen".

Das dicke Mädchen sah den Soldaten an, um ein Lächeln aufzufangen, aber er lächelte nicht

„Ach, das wirst du nie haben, Herzchen, das wirklich elegante Leben!"

Den Schmuckkasten ließ sie immer offen stehen, damit sie sich jederzeit an das Leben von einst erinnern konnte.

Das dicke Mädchen sah den Soldaten an, um ein Lächeln von ihm aufzufangen, aber er lächelte nicht. Die Greisin und er hatten begonnen, über gemeinsame Bekannte zu sprechen, und das große Zimmer füllte sich mit Namen. Es waren Namen darunter, die das dicke Mädchen aus Büchern kannte. Mit ihr hatten diese Namen nichts zu tun, aber der Soldat und die Greisin hatten etwas gemeinsam, das sie „Kreise" nannten. In unseren Kreisen. Offenbar hatten die Kreise nicht unbedingt etwas mit Reichtum zu tun. Das Untermietzimmer des Soldaten war karg, der kleinste Raum der Wohnung, eigentlich eine Kammer mit Waschbecken, einem schmalen Bett und einer Art Spind. Jeden Abend bürstete der Soldat sorgfältig seine Uniform aus und putzte seine Schuhe. Er bezahlte der Greisin fünfzig Mark Miete, das Mädchen bezahlte neunzig Mark, aber ihr Zimmer war auch viel größer, es hatte eine kleine Waschnische und sogar einen Erker. Irgendwo, weit weg, auf einer fast unbeheizbaren Burg, lebte die Familie des Soldaten, er sprach nicht viel von ihr und fuhr nur alle zwei Monate hin.

Das Mädchen mochte es, dass sie ihm gefiel. Sie liebte es, Männern zu gefallen, und schämte sich ein bisschen, dass sie sich nicht davon gedemütigt fühlte wie ihre Kommilitoninnen. Man war Männern gegenüber argwöhnisch in dieser Zeit und sprach viel über neu zu erkämpfende Rechte. Das dicke Mädchen redete halbherzig mit, wenn sie aber abends in der Weinkneipe bediente, lachte sie, wenn einer ihr den Hintern streichelte. Sie liebte schöne Kleider, aber sie konnte sich keine leisten.

Die Greisin machte sich ein Vergnügen daraus, dem Mädchen ihre Garderobe zu zeigen. Da war ein gutes halbes Jahrhundert lang nichts weggegeben worden, die leblosen Roben hingen zu Hunderten in den Wandschränken, jede in ihrer Leinenhülle. Darunter standen in langen Reihen Schuhe, lagen sorgsam zusammengefaltete Stolen, Capes und Pelzjäckchen. „Da, das Samtensemble, das könnte man doch heute wieder tragen, Herzchen! Wie schade, dass es dir nicht passt! Du könntest es haben! Ich würde es dir wirklich gern geben!"

Das dicke Mädchen schaute den Samtrock mit dem Jäckchen an, genau ihre Farbe, das Rot zu den dunklen Haaren! Allerdings hätte sie höchstens die Hälfte von sich in dem schönen Kostüm unterbringen können.

„Ich bin ja immer sehr zart gewesen", sagte die Greisin zufrieden.

Sie legte Wert auf bestes Essen, das ihr von einer mürrischen Köchin zubereitet wurde. Die kam jeden Tag für zwei Stunden.

Gesellschaft wollte sie beim Essen nicht, sie lud ihre beiden Mitbewohner nicht ein einziges Mal ein, mit ihr zu speisen. Das einsame Stückchen Lachs, der erlesene kleine Salat, ein wenig Malossolkaviar auf kleinen Buchweizenpfannkuchen, alles auf das japanische Lacktablett, ein Glas Chablis dazu, fertig. Oder ein Trauttmansdorffreis, wenn ihr nach Süßem war. Gelegentlich ein Bressehuhnbrüstchen. Der Soldat aß mittags in seinem Kasino und machte sich abends ein Käsebrot in der großen alten Küche. Das dicke Mädchen hatte da schon allein gegessen, in ihrem Erker, heiße Fleischwurst mit Nudelsalat oder panierten Fisch mit Pommes, während es in den schönen, verwilderten Garten schaute.

An einem Freitag sah das dicke Mädchen ihren Mitbewohner, wie er gerade einen kleinen Laden in der Altstadt betrat. Er trug eine Tüte, was zur Uniform merkwürdig aussah. Das Mädchen kannte den Laden, es war ein als Trödelladen getarntes, sehr teures Antiquitätengeschäft. Verblüffenderweise fielen Kunden immer wieder darauf herein und glaubten, in dem kunstvoll arrangierten, mit Staub überpuderten Chaos Schätze zu finden. Preiswerte Schätze. Das Mädchen sah durch das kokett verdreckte Schaufensterchen, wie ihr Mitbewohner, der Soldat, eines der rätselhaften Silbergefäße aus der Tüte zog. Er und der Händler, der irgendeinem Schauspieler, dessen Namen ihr nicht einfiel, ähnlich sah, schienen vertraut.

Nachdenklich ging das Mädchen weiter und verzichtete darauf, die Transaktion bis zum Ende zu verfolgen. Was hätte dadurch auch geklärt werden können? Vielleicht hatte die Greisin ihren Untermieter darum gebeten, etwas für sie zu verkaufen – sie gehörten schließlich den gleichen Kreisen an! Vielleicht hatte sie ihm das silberne Ungetüm geschenkt, um ihm aus einer Klemme zu helfen. Es konnte sogar sein, dass er das Ding aus seiner fernen und kalten Burg herbeigeschleppt hatte, um es zu Geld zu machen.

Es war dem dicken Mädchen im Grunde gleichgültig, was für eine Geschichte sie da hatte beginnen sehen, eine harmlose oder finstere. Sie würde ihre eigene haben, warum war sie nicht längst auf den Gedanken gekommen! Voller Freude lief sie die Straße zur Villa hinauf, sie konnte es gar nicht erwarten. An ihrem Finger der Ring schoss Blitze, der Ring aus dem Kaugummiautomaten, den ein Gast ihr geschenkt hatte, er schoss Blitze, und es war doch egal, was im Leben funkelte. Einladend war das Maul des Schmuckkastens geöffnet, die Greisin war nicht zu sehen. Essenszeit. Sie pflegte langsam und genussvoll zu essen, in ihrem Gartenzimmer, ganz für sich. Das dicke Mädchen warf ihren Kaugummiring ins Maul des Schmuckkastens und nahm dafür irgendeinen anderen Ring heraus, er sah viel schlichter aus als der ihre.

„Viel Stein und wenig Fassung, das war immer meine Devise", wie oft hatte das Mädchen die Greisin diesen Satz sagen hören, in einem Ton boshafter Genugtuung. Jedes dieser Schmuckstücke war eine Wiedergutmachung für irgendeine längst gestorbene Sünde. Der Ring, der jetzt am Finger des dicken Mädchens steckte, hatte viel Stein und wenig Fassung. Stein genug für ein, zwei sorglose Semester in schönen Kleidern. In die Weinstube nur noch als Gast. Sie würde vielleicht ab und zu den Soldaten einladen, darauf kam es ihr nicht an. Wie leicht plötzlich alles geworden war.

Bald wurden die Tage kürzer, der Soldat und das Mädchen saßen abends bei der Greisin und hörten ihr zu, während ihre Finger den Schmuckkasten durchgruben. Namen füllten den Raum, es klirrte leise, die Finger hatten die Farbe von altem, stockfleckigem Papier. Längst war der Stein in einer anderen Stadt zu Geld gemacht worden. Es war viel Geld, fand das Mädchen.

Sie hätte nicht mehr sagen können, welches von den Schmuckstücken, die unter den Fingern der Greisin leise klirrten und klingelten, aus einem Kaugummiautomaten in der Altstadt stammte. Es war gleichgültig. Um sie häuften sich die Reste einstigen Glanzes, die Teppiche lagen doppelt und dreifach, die Wäsche schlief in den Schränken, in Ewigkeit gelb an den Knickstellen. Die großen, silbernen Gefäße waren schwarz angelaufen.

„Viel Stein und wenig Fassung, das war immer meine Devise", sagte die Greisin.

IX

Du sollst nicht falsch
Zeugnis ablegen
wider deinen Nächsten

Dieb

Verräter

MÖRDER

pitzel

Pädophiler

Der Mann aus der Zeitung

von Maxim Biller

Sie dachte jeden Sommer an ihn, seit sieben Jahren. Es fing meistens im Juni an, und es hörte erst im August auf, manchmal sogar im September, je nachdem, wie lange es warm blieb. Sie dachte an seine kurzen, dunklen Haare, an den unangenehmen, erregenden Geschmack seines Kusses an ihrem einzigen gemeinsamen Morgen damals, an die kleinen Falten in seinen Mundwinkeln und unter seinen Augen, wenn er lächelte. Vielleicht, dachte sie, als sie jetzt ins „Adria" hereinkam und sich an den hintersten Tisch setzte, würde sie ihn zuerst auf die Mundwinkel küssen, und dann würde er ihr sagen, dass sie nicht älter geworden sei, dass sie noch besser aussehe als damals. Und sie würde ihm dasselbe sagen, und sie wüssten beide, dass es nicht stimmte.

Sie hatte das Foto mitgenommen – zur Sicherheit. Sie brauchte es nicht, aber sie hatte ein besseres Gefühl, wenn es in ihrer Handtasche war. Es war das einzige Foto, das sie von ihm hatte. An dem Tag, an dem es gemacht wurde, waren sie zu zweit in Agaton gewesen, er musste für seine Mädchen neue Badeanzüge kaufen, sie brauchte wie immer Geschenke für die schrecklichen Nachbarn, die zu Hause auf die Wohnung aufpassten. Seine Frau wollte nicht mit, und ihr Mann hasste Einkäufe. Also fuhren Nicolas und Gisèle allein in die Stadt. Sie begleiteten einander geduldig in die Geschäfte, sie tranken auf dem Platz hinter der Basilika Granatapfellimonade unter dem weißen Sonnenschirm mit der Philip-Morris-Reklame, und als ein Straßenfotograf mit seiner Polaroidkamera kam, die wie eine Ziehharmonika aussah, ließen sie sich von ihm fotografieren. Später rissen sie das Bild in der Mitte durch, sie behielt die Hälfte, auf der er zu sehen war, er die andere, und vielleicht hatte er ihr Foto heute auch eingesteckt.

Es war nicht leicht gewesen, ihn wiederzufinden. Zuerst hatte sie die Idee, im Hotel anzurufen und zu fragen, ob sie noch seine Adresse hatten, aber je länger sie darüber nachdachte, desto weniger traute sie sich. Dann überlegte sie, ob sie nicht bei einer dieser Fernsehshows anrufen sollte, in denen Leute wie er und sie zusammengebracht wurden. Am Ende gab sie eine Anzeige auf. Sie wusste sofort, was sie schreiben wollte: „Agaton Beach, Ostern vor sieben Jahren: Du spieltest gut und oft Tennis, warst in Begleitung deiner Frau und deiner Töchter, ich reiste mit meinem Ehemann. Wenn du frei bist, würde ich dich gern wiedersehen. Kennwort: Hotelname." Nachdem die Anzeige erschienen war, las sie sie immer wieder, es gefiel ihr, was da stand. Am besten fand sie: „Kennwort: Hotelname."

Als er jetzt in der Tür des Cafés auftauchte, zögerte sie. Er stand im Gegenlicht, die Sonne schien von außen weiß und grell ins „Adria" hinein, und sein von der Straße abgewandtes Gesicht verschwamm in einem fast abendlichen Zwielicht. Sie hatte ihn anders in Erinnerung gehabt, aber am Ende erkannte sie ihn trotzdem. Vielleicht war es die Art, wie er in der Tür stehenblieb und sich umschaute, vielleicht war es sein Gang. Er ging durchs Café direkt auf sie zu, klopfte auf den Tisch und sagte: „Darf ich?"

Komisch, diese Stimme hatte sie noch nie vorher gehört.

„Was ist weiß und mag Reis?", sagte sie.

Er sah sie erstaunt an. Er konnte sich also nicht erinnern.

Sie kicherte. „Nicht die Frau des Thais", sagte sie langsam, „sondern seine Geliebte!"

Jetzt lachte er auch. Er lachte, und in seinen Mundwinkeln war keine einzige Falte.

Sie legte die Hand auf seine Hand und fuhr mit dem Daumen über die Haare auf seinem Handrücken. Ja, genau, dachte sie erleichtert, genau, genau, genau ...

„Ich habe ein miserables Gedächtnis", sagte er.

„Ich weiß", sagte sie. „Wie unser Hotel hieß, wusstest du auch nicht mehr."

„Du bist überhaupt nicht älter geworden."

„Nein?", sagte sie. Sie wollte streng klingen, und es gelang ihr sogar ein wenig. „Aber schöner, nicht wahr?"

Er nickte. „Woher wusstest du, dass ich das sagen wollte?", sagte er.

Sie tranken beide einen Espresso und rauchten.

„Hast du angefangen zu rauchen?", sagte sie.

„Nein", sagte er. Aber dann sagte er: „Doch, doch ... ja."

Sie überlegte, während sie schwiegen, ob sie ihn nach seiner Frau und seinen Töchtern fragen sollte. Besser nicht, dachte sie, aber dann fragte sie ihn doch, und er sagte schnell und wie auswendig gelernt: „Da ist alles o. k., wir haben keine Probleme."

Als der Kellner kam und fragte, ob sie noch etwas wollten, sagte sie ja. Er antwortete nicht. Sie trank noch einen Espresso, und dann noch einen. Später trank sie noch einen Grappa, obwohl sie sonst nie Grappa trank.

Dann ging sie auf die Toilette. Dort nahm sie das Bild aus

ihrer Handtasche und sah es an. Sie saß auf der Toilette und sah das Bild von Nicolas an, dem schönen, klugen, hysterischen Nicolas, der damals alles wollte, und sie wollte auch alles, aber sie traute sich nicht, und dann machte er ihr eine Szene, als sei er die Frau und sie der Mann, und darum wollte sie ihn damals nie wiedersehen. Sie sah das Bild von Nicolas an, und sie wusste, dass der Mann da draußen an ihrem Tisch nicht Nicolas war.

„Du hast dich aber sehr verändert", sagte sie, als sie zurückkam, und sie betonte das Du.

„Ja?"

„Ja."

„Es ist schon so lange her", sagte er, „die Zeit frisst unser Leben."

Komisch, so was Ähnliches hatte ihr Mann früher auch oft gesagt, dachte sie. Sie mochte das nicht. Sie mochte es nicht, wenn Leute immer nur hinter sich den Tag sahen und vor sich die Nacht. Darum hatte sie ihn am Ende rausgeworfen. Nicht nur darum, aber darum auch. Sie hatte ihm gesagt, er solle gehen, und als er sie vor Schreck so dumm angeschaut hatte, schaute sie dumm und erschrocken zurück, und dann sagte sie, es täte ihr leid, aber sie könne ihre Entscheidung jetzt nicht mehr zurücknehmen.

Es würde ganz einfach sein, wenn sie wollte. Sie müsste den Fremden an ihrem Tisch bloß nach seinem Namen fragen, und dann käme alles raus. Aber sie nahm wieder seine Hand, sie strich wieder über seinen Handrücken, dann drehte er die Hand um, und ihre Handflächen berührten sich, zwei warme, weiche Handflächen.

Sie zahlten – jeder für sich –, standen unsicher auf und gingen raus. Draußen war es herbstlich kühl, und die Sonne war weiß und scharf wie im Winter. Sie gingen schweigend die wenigen Schritte zu ihrem Haus. Sie schloss die Haustür auf, und er folgte ihr, ein bisschen zu dicht, wie sie fand. Im Fahrstuhl küsste er sie. Es war ein guter Kuss, aber zu lang, und sie mussten noch mal runterfahren, weil ein Nachbar den Fahrstuhl gerufen hatte. Sie fuhren zu dritt wieder rauf, jeder sah in eine andere Richtung, und als der Nachbar ausstieg, sagte er nicht auf Wiedersehen.

In der Wohnung wollte er sie wieder küssen, aber sie riss sich von ihm los und ging in die Küche. Auf dem Tisch stand wie immer die große Obstschale, gefüllt mit Apfelsinen, Äpfeln und Pfirsichen. Sie nahm einen Teller und ein Obstmesser, legte eine Apfelsine auf den Teller und schälte sie. Als sie fertig war, rief sie: „Möchtest du Obst, Nicolas?" Aber er antwortete nicht.

Sie ging ins Wohnzimmer, doch dort war er nicht. Er war auch nicht im Bad oder auf der Toilette. Sie fand ihn im Schlafzimmer, wo er auf dem Boden saß und in einem Kunstbuch blätterte. Neben ihm lag ein Stapel anderer Bücher, die er aus den Regalen herausgezogen hatte, und sie erkannte dazwischen auch den dunkelroten Einband ihres Tagebuchs, das sie normalerweise im Nachttisch aufbewahrte. Er sah sie streng an und blätterte weiter.

Sie ging wieder ins Wohnzimmer, und während sie die Orange aß, schaute sie aus dem Fenster. Die Sonne war nicht mehr so grell, und Minuten später verschwand sie ganz, und der Himmel wurde zuerst milchig und dann eisgrau. Es wird trotzdem nicht regnen, dachte sie.

Plötzlich stand er in der Wohnzimmertür. Er hatte kein Hemd mehr an und keine Hose, und in der Hand hielt er das Obstmesser. Es wird trotzdem nicht regnen, dachte sie noch einmal, und dann sagte sie: „Was ist rot und kennt Not?"

„Ich will eine Apfelsine", sagte er. „Schälst du sie mir?"

Er verschwand und kam mit der ganzen Obstschale wieder, die er auf den gläsernen Couchtisch knallte. In der Glasplatte tauchten sofort mehrere lange, dünne Risse auf. Sie fuhr mit dem Finger langsam an ihnen entlang, sagte aber nichts, nahm dann eine Apfelsine aus der Obstschale und streckte ihm die Hand entgegen. Er legte das Messer mit der Klinge in ihre Hand, und zwar so, dass sie die kleinen, scharfen Zähne der Klinge spürte. Sie sagte laut „Aua!", worauf er laut lachte, und sie musste auch lachen, und sie küssten sich. Er streichelte ihre Oberarme und ihren Nacken mit der Klinge des Messers, dann legte er es schnell weg, auf eine Art, die ihr nicht gefiel. Er knöpfte ihr Kleid auf, und als er sah, was sie darunter trug, sagte er: „Zieh dir etwas anderes an, du bist doch keine Nutte."

Nachdem sie sich umgezogen hatte, sah sie sich noch einmal das Foto von Nicolas an. Sie saß im Schlafzimmer auf dem Bett und guckte es an, und plötzlich hatte sie überhaupt keine Sehnsucht nach ihm. Sieben Jahre hatte er ihr jeden Sommer gefehlt, sieben Jahre dachte sie jeden Sommer, mit ihm würde alles anders werden. Und nun sah sie, während sie zum letzten Mal sein Bild betrachtete, dass alles nur ein Hirngespinst war. Sogar der weiße Sonnenschirm mit der Philip-Morris-Reklame über ihm bedeutete ihr nun nichts mehr.

Du sollst nicht begehren
deines Nächsten Haus.
Du sollst nicht begehren deines
Nächsten Weib, Knecht,
Magd, Rind, Esel, noch alles,
was dein Nächster hat

Ein echter Coup

von Annette Mingels

Möglich, dass alles anders gekommen wäre, wenn ich gesagt hätte: Unsinn. Wenn ich Philippe verteidigt hätte, wie ich es früher immer getan habe, sobald die anderen über ihn herzogen, kaum dass er aus der Hörweite war, ein Mädchen an der Hand, irgendeines, immer ein schönes, und ich, selbst ganz matt vor Neid, zu den andern gesagt habe: Schnauze.

Hab ich aber nicht, nicht diesmal. Diesmal habe ich nicht widersprochen, als Jerome sagte: Tz, tz, tz, Pierre, irgendwas stimmt hier nicht, wie kann er sich das leisten? Ich habe mit den Achseln gezuckt, habe mich im Garten umgesehen, den länglichen Pool betrachtet, in den die Zwillinge den ganzen Nachmittag über gesprungen waren – drei, vier lange Schritte, dann ein Platschen, dass das Wasser bis zum Tisch spritzte und Elise besorgte Blicke auf die Erdbeertorte warf, während Jeromes Frau lachend sagte: Stört doch nicht, das bisschen Chlor auf dem Kuchen – und habe tja gesagt, tja, als gebe es da was zu wissen, und ich wüsste es.

Kurz zuvor war Elise mit Philippe in die Küche gegangen, in den Händen die leeren Platten und Teller, ihr dürft nicht helfen, hatte sie bestimmt, und so waren wir sitzen geblieben, hatten den beiden nachgeschaut, wie sie zum Haus gingen, Elise ein wenig unsicher auf dem Rasen mit ihren hohen Absätzen und dem engen Rock, und Jerome hatte sich mir zugewandt, die dichten Brauen zu einer einzigen skeptischen Linie erhoben, und hatte gesagt: Irgendwas stimmt hier nicht.

Woran denkst du denn?, habe ich gefragt. Geldwäscherei? Steuerhinterziehung? Es hatte ironisch klingen sollen, aber im Nachhinein muss ich zugeben, dass das nicht der Fall gewesen war: Meine Fragen klangen so, als hielte ich es durchaus für möglich, dass mein Bruder kriminell sei.

Weiß nicht, sagte Jerome langsam. Steuerhinterziehung – glaubst du? Er hatte ein kleines Lächeln aufgesetzt, halb belustigt, halb schockiert, mit den Fingerspitzen trommelte er gegen das Weinglas in seiner Hand, seine Frau sagte, hört schon auf, aber er beachtete sie nicht. Also?, sagte er, und ich sagte: Möglich wär's.

Philippes Fehler war von jeher, zu gut zu sein. Das begann schon ganz früh; ich erinnere mich an den Tag seiner Einschulung, an dem er mir die Hälfte seiner Geschenke überließ, weil unsere Mutter ihm erzählt hatte, dass ich die Nacht zuvor vor Kummer nicht hatte schlafen können. Was ist es denn, das dich traurig macht?, hatte meine Mutter gefragt, und ich hatte geschluchzt: Dass er alles kriegt und ich nichts. Kein Ruhmesblatt für mich, wahrlich nicht, aber hey – ich war damals vier und noch nicht zurechnungsfähig.

Unsere Mutter war immer stolz auf meinen Bruder, und das war verständlich. Es war nicht so, dass er ein Streber war; ihm fiel einfach alles leicht. Auch für mich als kleinen Bruder hatte das Vorteile. Als ich zwei Jahre nach ihm aufs Gymnasium kam, kannten die Lehrer meinen Namen und waren mir wohlgesinnt, auch wenn sie dann spätestens nach dem ersten Jahr erkennen mussten, dass die Talente in unserer Familie offenbar nicht sehr gerecht verteilt sind.

Alle mochten Philippe, besonders die Mädchen, und das, schätze ich, lag nicht nur an seiner Freundlichkeit, sondern auch an seinem Aussehen. Zwar war er ein bisschen klein (und ist es heute noch – ein Meter siebzig, immerhin in diesem Punkt habe ich ihn überholt), aber seine dunkelblauen Augen mit den gebogenen Wimpern und die halblangen braunen

Haare machten die fehlende Größe wett. Nicht nur die Mädchen aus seiner Klasse verliebten sich reihenweise in ihn, auch die Mädchen aus meiner Klasse verdrehten schwärmerisch die Augen, wenn sie von ihm sprachen, und das ein oder andere Mal konnte es geschehen, dass sich eine von ihnen mit mir verabredete, um Philippe nah zu sein. Ich habe das gemerkt und geschwiegen, was hätte ich auch sagen sollen, und immerhin kam auch ich so manchmal zu einer Freundin.

Dass die Mädchen ihn mochten, hat Philippe nie ausgespielt, weder vor mir noch vor den Jungs, mit denen wir uns nachmittags trafen, um vorm Einkaufszentrum rumzuhängen und dann und wann einen loszuschicken, um Süßigkeiten zu klauen oder Zigaretten. Trotzdem waren alle neidisch, wenn sich wieder einmal herausstellte, dass die Mädchen, die über den Platz schlenderten und mit Kichern auf unsere Pfiffe reagierten, nur ihn anschauten. Auch meine erste feste Freundin – Isabelle, die ich mit sechzehn Jahren auf einem Schulfest traf und mit der ich fast ein Jahr zusammen war – war begeistert von Philippe, aber er behandelte sie immer so höflich und distanziert, dass sie sich denken konnte, dass sie ihm nie näher kommen würde als an meiner Seite.

Ich weiß, dass Philippe mir niemals eine Freundin ausgespannt hätte, auch wenn sie ihm gefiel. Das hätte sich nicht mit seiner Einstellung vertragen. Er hatte immer so was Ehrenhaftes an sich, Typ großer Bruder, Beschützer, bester Freund, halt das, was man in den Filmen so sieht, in denen immer klar ist, wer der Gute ist und wer nicht. So war er also, und das konnte manchmal sehr anstrengend sein, besonders wenn man selbst neidisch war, was generell kein erhebendes Gefühl ist.

Möglich wär's, sagte ich also und Jerome lächelte und sagte gedehnt: Ach, erzähl doch mal. Weiß nichts Genaues, murmelte ich und fingerte nach einer Zigarette in meiner Jackettasche. Die Zwillinge hatten sich unter den Kirschbaum gesetzt und zwei bunte Platzdeckchen vor sich ausgebreitet, auf denen sie irgendwelche Süßigkeiten auslegten, um darüber zu verhandeln. Jean und Marie-Claire, viereinhalb Jahre alt und hübsch wie Puppen. Ich weiß noch, dass ich dachte, die sollten die Schokolade schnell essen, bevor sie in der Nachmittagshitze schmilzt, aber gesagt habe ich nichts. Und Ungenaues?, hörte ich Jerome fragen, und da sagte ich: Na, du weißt schon, die Firma.

Mit der Firma ist das so eine Sache. Mein Bruder hat sie vor einigen Jahren gekauft, mit welchem Geld, weiß ich nicht, Kredite nehme ich mal an, irgendwelche Existenzgründerdarlehen, vielleicht haben ihm auch unsere Eltern was geliehen. Warum ausgerechnet Klima- und Lüftungsanlagen?, habe ich ihn gefragt, und er hat gesagt: Weil's eine Branche mit Zukunft ist, darum. Die Firma war auch der Grund, warum er nach seinem Studium zurückkam in die Provinz. Jetzt lebt er nicht weit von unserer Heimatstadt in einem Dorf, das so klein ist, dass man es auf keiner Karte findet, aber das ist egal, weil da ohnehin nie jemand hin will. Mit ihm kam Elise aus Paris. Als ich sie das erste Mal sah, war mir klar, dass sie hier unmöglich glücklich werden kann. Sie ist der Inbegriff einer Pariserin: lang und schmal, mit schwarzem, glattem Haar, der Pony schnurgerade bis an die gezupften Brauen, darunter große dunkle Augen, die immer ein wenig bestürzt aussehen. Sogar als sie mit den Zwillingen schwanger war, blieb sie schlank, bis auf den riesigen Bauch, der sie manchmal wie eine Kreuzspinne aussehen ließ. Ich habe sie nie unelegant gesehen, nie ungeschminkt oder mit fettigen Haaren. „Miss Perfect" nennen wir sie in unserer Familie, natürlich nur, wenn sie und Philippe nicht dabei sind, aber ich glaube kaum, dass sie sich an diesem Titel stören würde. Wenn man Philippe neben ihr stehen sieht, gut einen Kopf kleiner als sie, den Arm um ihre Hüften gelegt, stolz lächelnd, wirkt sie wie eine Trophäe, die er ergattert hat.

Es hatte uns alle überrascht, dass Philippe eine Firma

gründete. Ich glaube, wir hatten ihn eher als Gelehrten gesehen – vielleicht weil ihm das Studium der Philosophie und der Wirtschaftswissenschaften so leicht fiel, vielleicht auch, weil er schon als Jugendlicher viel las. Baudrillard, Diderot, Kant, den ganzen Kram, und freiwillig noch dazu. Aber daneben war er eben auch immer ein Praktiker, kein Brille tragender Musterknabe, sondern einer, der gut zupacken konnte. Ich erinnere mich noch, wie wir gemeinsam mit unserem Vater unser Ferienhaus in St-Quentin-en-Yvelines renovierten. Ins Wohnzimmer musste eine neue Decke eingezogen werden, in den Bädern wurden die giftgrünen Kacheln abgeschlagen und neue Kacheln (hellblau) verlegt, die ganze Küche wurde gegen eine mit Chromflächen und einem Keramikkochfeld ausgetauscht. Wir arbeiteten vom frühen Morgen bis zum Dunkelwerden, zwischendurch gingen wir in das einzige Restaurant im Dorf, aßen deftige Fleischgerichte und tranken Unmengen Pepsi, und ich glaube, wir waren damals ziemlich glücklich: todmüde am Abend, aber glücklich.

> Manchmal stellte ich mir vor, Elise wäre meine Frau und nicht die meines Bruders. Ob ich dann auch mehr wäre?

Am Anfang lief Philippes Firma sehr gut; der Mann, der

sic ihm verkauft hatte, hatte ihn seinen Kunden empfohlen, sodass es in den ersten Monaten an Aufträgen nicht mangelte. Als es Herbst wurde, wurde es jedoch ruhiger in der Firma. Das ist logisch, hatte Philippe erklärt, in Herbst und Winter sind Klimaanlagen natürlich nicht so gefragt, wart ab, im Frühjahr wird es wieder besser. Genau so war es dann auch: Das Geschäft lief, kaum, dass es wärmer wurde, wieder an. Philippe kaufte sich ein neues Auto, schenkte unseren Eltern zu Weihnachten eine Reise nach Andalusien und ging mit Elise und einem Makler jedes Wochenende los, um ein größeres Haus zu finden. Die Zwillinge waren da noch nicht geboren, aber bereits unterwegs.

Ich selbst hatte mich damals gerade scheiden lassen, nach nur siebzehn Monaten Ehe, ein Rekord, würde ich sagen. Das ist nicht ganz korrekt: Nicht ich ließ mich scheiden, sondern meine Frau, da sie im gemeinsamen Urlaub in der Türkei gemerkt hatte, dass sie mich nicht mehr liebte. So sagte sie es am Morgen unseres sechsten Urlaubstages, als ich mit einem übervollen Teller vom Büffet wiederkam: Ich glaube, Pierre, ich liebe dich nicht mehr. Dann faltete sie ihre Serviette zusammen und sagte, hast du was dagegen, wenn ich mich zurückziehe?, wie eine Gräfin aus dem 19. Jahrhundert klang sie, und eine ganze Zeitlang dachte ich, sie verarsche mich, eigentlich bis zu dem Zeitpunkt, als sie mit ihren gepackten Koffern ins Taxi stieg, um zum Flughafen zu fahren. Was hast du bloß gemacht?, fragte meine Mutter nach meiner Rückkehr. Hat sie einen anderen?, fragte mein Vater. Die gemeinsamen Freunde sagten, es sei schade, aber sie hätten schon länger geahnt, dass das mit uns nicht von Dauer sein würde. Zu unterschiedliche Naturelle, sagte einer, zu ähnlich und darum für einander schnell langweilig, sagte ein anderer – so viel zu den Hobbypsychologen in meinem Freundeskreis. Philippe sagte nichts und bat mich stattdessen um Hilfe beim Bau des Swimmingpools und bei der Buchhaltung für seine Firma, er lud mich zum Dank zu einem Weinseminar ein, machte mich zum Paten der Zwillinge und bestand darauf, dass ich im neuen Haus ein eigenes Zimmer bekäme. Geht's dir besser?, fragte er nach einigen Wochen, und da merkte ich, dass ich schon seit Tagen nicht an meine Exfrau gedacht hatte. Ja, sagte ich, viel besser.

Wenn ich zurückschaue, kann ich sehen, dass damals eine gute Zeit anfing. Nicht nur für mich, auch für meinen Bruder. Die Firma lief gut, die Zwillinge waren lieb und verspielt, ich lernte eine neue Frau kennen, die sich entschloss, mich vor meiner Vergangenheit zu retten und sich so sehr in mich zu verlieben, dass ich gar nicht anders konnte, als mich auch zu verlieben, obwohl sie nicht mein Typ war. Giselle. Klein, brünett, alles in allem eher unauffällig, mit einem hübschen, kirschroten Mund und im ständigen Kampf mit den Kalorien. Sie ist süß, sagte Elise, und inzwischen weiß ich, was sie damit meinte: Giselle war bemüht, aber sicher kein Hauptgewinn. Mit ihr würde man nie auffallen, anders als mit Elise, mit der ich damals öfter in die nächste Stadt fuhr, um ihr beim Einkaufen, Aussuchen, Tragen zu helfen, da Philippe immer länger arbeiten musste. Sobald wir aus dem Auto stiegen, bemerkte ich die Blicke der Männer: Sie sahen Elise an und dann mich und fragten sich, wie ich das geschafft hatte. Manchmal stellte ich mir vor, wie es wäre, wenn Elise meine Frau und nicht die meines Bruders wäre. Ob ich dann auch mehr wäre: Mehr als ein unbedeutender Buchhalter, der sein Leben lang die Aufträge anderer ausführt. Mehr als der kleine Bruder eines erfolgreichen Mannes.

Der Erfolg war nun allerdings etwas, das Philippe zu verlassen drohte. Einige Monate zuvor hatte er eine Expansion seiner Firma eingeleitet, und die knappe Kalkulation sah vor, die neu aufgenommenen Kredite mit dem Reingewinn des laufenden Jahres zu bezahlen. Dann sprang jedoch ein Großkunde ab, und Philippe musste die Bilanz nach unten korrigieren und um einen Aufschub des Kredites bitten, der ihm zu deutlich schlechteren Konditionen auch gewährt wurde. Kann passieren, oder? Es ist nicht so, dass ich mich gefreut hätte. Im Gegenteil, ich habe versucht, ihn zu trösten, als er von dem Missgeschick (so nannte er es: ein Missgeschick) berichtete. Wirst das Geld schon wieder reinholen, sagte ich, und er sagte: Klar, so oder so. Was meinst du damit?, habe ich gefragt, und Philippe hat eine belustigte Grimasse gezogen und gesagt: Entweder ziehe ich noch einen Auftrag an Land oder mein Steuerberater muss ein bisschen was rausholen.

Mehr weiß ich eigentlich nicht. Aber in den folgenden Monaten redeten wir nicht mehr über die Firma, und deshalb denke ich mal, dass Philippe den Verlust irgendwie ausgleichen konnte. Ich selbst wechselte damals gerade meinen Job. Nicht ganz freiwillig, muss ich gestehen. In meiner alten Firma hatte es Probleme gegeben, nicht eigentlich inhaltlicher Art, eher menschlicher. Ein halbes Jahr zuvor war ein neuer Abteilungs- leiter gekommen, François Laurent, ein blonder, großgewach- sener Typ, drei Jahre jünger als ich, mit dem rosigen Gesicht eines Hausschweins und gemusterten Anzügen, der mich vom ersten Tag an kritisierte. Erst auf die nette Art: Sie haben das natürlich alles großartig im Griff, das kann ich sehen, doch sollte man nicht vielleicht über ein neues Wareneingangssystem nachdenken? Später dann deutlicher und mit Stirnfalten: Man muss umdenken können, flexibel sein, verstehen Sie?, wobei er leicht auf den Zehenspitzen wippte, als wolle er demonstrieren, was flexibel bedeutet. Als ich einmal ein Gespräch zwischen ihm und meiner Kollegin Caroline mit anhörte, in dem er mich als vorgestrigen Schwächling bezeichnete (woraufhin sie mitleidig lachte, vielen Dank auch, Caroline!), kündigte ich. Vier Monate später hatte ich einen neuen Job gefunden. Seit fast einem Jahr arbeite ich nun bei Brideau-Brux, einer Firma, die Straßenbeläge herstellt. Kurz bevor ich meinen Posten dort antrat, hatten sie einen neuen Belag für Tunnelwände entwickelt: Flinti, ein Flintgestein, das durch Erhitzung auf 800 bis 1000 Grad schneeweiß wird und den Tunnel heller macht. Damit lassen sich die Stromkosten für die Beleuchtung stark senken. Diese Erfindung war ein ziemlicher Erfolg, ein echter Coup, und man fragt sich bloß, warum das nicht schon lange jemandem eingefallen ist.

Mit Giselle war es inzwischen schwieriger geworden, und vielleicht lag das auch daran, dass sie in ihrem Kampf mit den Kalorien immer häufiger unterlag. Wir verbrachten fast jedes Wochenende mit Philippe und Elise. Besonders im Sommer besuchten wir sie häufig. Wir picknickten auf der Wiese im weitläufigen Garten, schwammen im Pool, sonnten uns, und wenn ich Elise neben Giselle sitzen sah – Elise schlank und elegant wie ein Greyhound, während Giselle zusammengekauert zu einem blassen Häufchen auf einem der Liegestühle saß und ihr gespannt zuhörte – gab es mir jedesmal einen Stich. Wenn Elise das Essen brachte, hätte ich Giselle am liebsten daran gehindert, zuzugreifen, aber sie aß gerne, ungeniert, sie lachte, wenn sie sich ein zweites und drittes Mal nahm, und ignorierte meine Blicke und hochgezogenen Augenbrauen. Je mehr sie aß, desto weniger aß ich selbst, wie um ihr ein Beispiel zu geben. Aber entweder merkte sie es nicht oder sie verstand nicht, was ich ihr damit bedeuten wollte. Pierre ist ein schlechter Esser, sagte sie einmal und fügte lachend hinzu: Ganz anders als ich. Sie war nichts als gutmütig, und in diesem Moment hätte ich kotzen können. Philippe merkte natürlich, wie es mir ging, und er sah mich mit einem vagen Lächeln an und schüttelte ganz leicht den Kopf. Aber er hatte ja auch Elise, diesen wunderschönen Windhund, während ich mit Giselle eher einen Mops erwischt hatte.

Philippe arbeitete viel zu jener Zeit, und da ich meist schon vor Giselle, die einen eigenen Friseurladen in Aurillac hat, zu Hause war, ergab es sich von ganz alleine, dass ich immer öfter etwas mit Elise unternahm. Die Zwillinge besuchten inzwischen einen Ganztagskindergarten, und Elise war ziemlich oft gelangweilt. Dreimal die Woche kam eine Putzfrau und hielt das große Haus in Ordnung. Elise verlegte sich erst darauf,

Blumengestecke anzufertigen, und als sie das zu langweilen begann, fing sie an, Gedichte und kleine Geschichten zu schreiben, leider ohne allzu viel Talent und meistens ohne jede Pointe, und irgendwann wurde ihr auch das langweilig. Wir gingen oft spazieren, manchmal fuhren wir in Elises grasgrünem Sportwagen in die nächste Kleinstadt, gingen in ein Museum, in eine Galerie oder einkaufen. An einem Donnerstag Ende September übernachteten die Kinder bei meinen Eltern, Philippe war auf einer zweitägigen Geschäftsreise in der Normandie und Giselle hatte sich schon Wochen zuvor mit einer alten Schulfreundin verabredet, die sie in Lyon besuchen wollte. Sie würde drei Tage wegbleiben. Es war, wenn man so will, Schicksal, zumindest lagen hilfreiche Zufälle vor. Auf jeden Fall beschlossen Elise und ich, in ein neunzig Kilometer entferntes Lokal zu fahren, das im Michelin empfohlen worden war.

Das Restaurant lag in einem winzigen Örtchen in Saine-Maritime. Von außen sah es ganz unspektakulär aus, ein niedriger Bungalow mit rotem Dach und zwei Säulen rechts und links der Tür, die mit Efeu bewachsen waren. Wir bestellten ein fünfgängiges Menu: Fischsuppe, ein Salat aus Spargelspitzen, Brasse, ein Waldmeistersorbet, Kalbsnieren, zum Abschluss Crème brulée, dazu Weißwein, Rotwein, Sauterne, zum Abschluss für jeden einen zwanzig Jahre alten Cognac. Kannst du noch fahren?, fragte Elise, und ich sagte mit schwerer Zunge: Weiß nicht. Und du? Nein, sagte Elise, nachdem sie einen letzten großen Schluck Cognac genommen hatte. Nein, wiederholte sie und sah mich herausfordernd an.

Die einzige Unterkunft im Ort war ein Motel. Die Zimmertüren waren von einer Art Veranda aus zu erreichen. Wie in einem dieser amerikanischen Filme, sagte Elise und schloss ihre Tür auf. Schlaf gut, sie winkte mir zu und ich winkte zurück und winkend gingen wir aufeinander zu, weil es vielleicht doch, dachte ich, angemessen wäre, sich zu umarmen, und dann küsste ich sie oder sie mich, und als wir uns voneinander lösten, sagte Elise: Hätten wir doch gleich mal nur ein Zimmer genommen.

Natürlich haben wir Giselle und Philippe nichts davon erzählt, und natürlich haben wir das, was in dieser Nacht geschah, nicht wiederholt. Das allerdings war nicht meine, sondern Elises Entscheidung. Beim Frühstück hatte sie ihr Ei mit einem einzigen, gezielten Schlag geköpft und gesagt, einmal ist keinmal, in Ordnung?, und ich habe genickt und gesagt: Und zweimal oder dreimal? Sie hat den Kopf geschüttelt, nein, hat sie gesagt, nein, nein, nein, die Lippen geschürzt wie es nur eine Pariserin kann und wie man es affektiert finden mag, aber nicht muss.

Steuerhinterziehung, hat Jerome gesagt, und es war eine Feststellung, keine Frage. Ich zuckte mit den Schultern. Über die Wiese kam Elise, sie lächelte mir zu, und schob sich mit dem Handrücken die dunklen Haare aus dem Gesicht. Seitdem es zwischen Giselle und mir aus war, wandte sie mir wieder mehr Aufmerksamkeit zu. Manchmal sah sie mich fragend an, als wollte sie wissen, ob ich Giselle wegen ihr verlassen hatte, und nur zu gerne hätte ich gesagt, ja, genauso ist es, aber sie fragte nie.

Na, du weißt schon, sagte ich, die Geschäfte liefen nicht so gut, ein, zwei Kunden sprangen ab, frag mich nicht, warum. Steuerhinterziehung, sagte Jerome und klang plötzlich sehr ernst, ist Betrug am Staat, und das heißt: an dir und mir. Das ist dir doch klar, oder? Ja, sagte ich, klar, und dann schwiegen wir, weil Elise an den Tisch herangekommen war. Seid ihr alle noch versorgt?, fragte sie, und wir nickten und grinsten unbehaglich.

Das war das. Das Unheimliche ist, dass ich das mit den Steuern ja nur so dahingesagt hatte, ich meine, ich dachte nicht wirklich, dass mein Bruder Steuern hinterzogen hätte, ich fand einfach, ein bisschen piesacken läge drin. Wir haben alle schließlich unsere Fehler, nicht wahr?

Woran ich nicht gedacht hatte, war, dass Jeromes Schwager beim Finanzamt arbeitet, und dass zwischen Jerome und Philippe schon immer eine Art Konkurrenz bestand – in sportlicher Hinsicht (Kurzstrecke; natürlich war Philippe immer ein paar Zehntelsekunden schneller), aber auch was Geld anbetrifft, Erfolg und den ganzen Kram. Ganz so überraschend kam es also vielleicht nicht, dass einige Wochen nach unserem Besuch bei Philippe die Steuerfahndung in seine Firma kam. Was sie fanden, reichte aus, um ihn vor Gericht zu bringen, und es half leider auch nur wenig, dass er von all den halblegalen Tricks, die sein Steuerberater angewandt hatte, nichts gewusst hatte: Er hatte überall unterschrieben, und das war, was zählte.

Natürlich kam Philippe nicht ins Gefängnis, aber er musste eine saftige Nachzahlung leisten, die ihn das Haus kostete. Er, Elise und die Kinder zogen ein Dorf weiter in ein Appartement, dessen Fenster direkt auf eine Autobahnauffahrt hinausgehen. Ist ja nur vorübergehend, sagte Philippe, als er mir die vier Räume zeigte, und Elise sagte, nun ist leider kein Zimmer mehr für dich da, und setzte ein Lächeln auf, das so traurig war, dass ich mir einbilden konnte, ich würde ihr fehlen.

Beruflich habe ich in den letzten Monaten mehr Erfolg gehabt, als ich mir je habe träumen lassen. Ich bin vom einfachen Prokuristen zum Abteilungsleiter aufgestiegen, unter mir arbeiten sechs Angestellte. Das helle Flintgestein ist weiterhin ein Verkaufsschlager. Fiat Lux mit Bideau-Brux – der Slogan stammt von mir, und wir haben ihn auf Prospekte, Aufkleber und Kaffeebecher drucken lassen. Im Hintergrund ein leuchtend heller Tunnel und ein dunkelgrüner Sportwagen.

Elise hat angefangen, Philippe in der Firma zu helfen. Sie erledigt Schreibarbeiten, Rechnungen und so weiter. Nach einer Flaute beginnt die Firma gerade wieder zu laufen, und auch die Schwierigkeiten in ihrer Ehe scheinen sie nach einer strapaziösen Ehetherapie überwunden zu haben. Die Zwillinge sind dieser Tage eingeschult worden, sie sahen niedlich aus, mit ihren Schultüten, spitz wie Feenhüte. Ich besuche Philippe und Elise nur noch selten, zu viel zu arbeiten, und dann ist die Wohnung auch recht klein für mehr als vier Personen.

Einmal habe ich Philippe zufällig in der Stadt gesehen. Er kam aus dem Supermarkt und schob einen vollen Einkaufswagen vor sich her, er hat mich nicht gesehen, obwohl er ganz nah an mir vorbeiging. Hätte ich die Hand ausgestreckt, hätte ich ihn berühren können. Ich habe ihm ziemlich lange hinterhergeschaut, dann bin ich weitergegangen.

Über die Autoren

Paola Piglia,

geboren 1955 in Turin, hat in ihrer Heimatstadt, in Venedig und in den USA studiert. Ihre vielfach preisgekrönten Illustrationen sind unter anderem in der „New York Times", in der „FAZ" und in der „Vogue" erschienen. Paola Piglia, die auch viele Buchumschläge entworfen hat, lebt und arbeitet heute in London.

Doris Dörrie,

geboren 1955 in Hannover, ist Regisseurin, Autorin und Produzentin. Mit Filmen wie „Männer" oder „Bin ich schön?" wurde sie bekannt, auch ihre Erzählungen und Romane (zuletzt: „Und was wird aus mir?", Diogenes-Verlag) begeisterten das Publikum. „Kirschblüten – Hanami", ihr vierter Film mit Japan-Bezug, wurde 2008 mehrfach ausgezeichnet. Doris Dörrie lebt in München.

Arno Geiger,

geboren 1968 in Bregenz, Vorarlberg, erhielt 2005 für seinen Familienroman „Es geht uns gut" den Deutschen Buchpreis. In seinem 2007 erschienenen Roman „Anna nicht vergessen" (Hanser Verlag) erzählt Arno Geiger, der in Wien und Wolfurt lebt, von Liebesdesastern und Lebensträumen.

Feridun Zaimoglu,

geboren 1964 in Bolu, Türkei, ist in Deutschland aufgewachsen und lebt seit 1984 in Kiel. Der gläubige Muslim studierte Medizin und Kunst, bevor er Journalist, Drehbuchautor und Schriftsteller wurde. 2008 erschien sein Roman „Liebesbrand" (Kiepenheuer & Witsch), eine Geschichte in der Tradition der deutschen Romantik.

Peter Stamm,

geboren 1963 in Weinfelden, Schweiz, schreibt Theaterstücke und Hörspiele, Kurzgeschichten und Romane. Bekannt wurde er mit „Agnes" und „Ungefähre Landschaft". 2006 veröffentlichte Stamm, der in Winterthur lebt, den Roman „An einem Tag wie diesem" (S. Fischer Verlag), im Jahr 2008 erschien „Wir fliegen" (S. Fischer Verlag), ein weiterer Band mit Erzählungen.

Thommie Bayer,

geboren 1953 in Esslingen, ist ein vielseitig begabter Künstler. Er malt, macht Musik („Der letzte Cowboy"), schreibt Songs und Texte, Glossen, Drehbücher – und Romane. 2007 erschien „Eine kurze Geschichte vom Glück" (Piper Verlag). Thommie Bayer lebt in Staufen/Breisgau.

Friedrich Ani,
geboren 1959 in Kochel am See, schreibt Kriminalromane und Jugendbücher. Vier Mal erhielt er den Deutschen Krimipreis, 2008 erschienen sein erstes Kinderbuch „Meine total wahren und überhaupt nicht peinlichen Memoiren mit genau elfeinhalb" (Hanser Verlag) und sein Thriller „Wer tötet, handelt" (dtv). Friedrich Ani lebt in München.

Wilhelm Genazino,
geboren 1943 in Mannheim, ausgezeichnet mit dem Georg-Büchner-Preis, schreibt oft kafkaesk und komisch über das normale Leben, wie in „Die Liebesblödigkeit" (2005) und „Mittelmäßiges Heimweh" (2007, beide Hanser Verlag). Wilhelm Genazino lebt in Frankfurt am Main.

Eva Demski,
geboren 1944 in Regensburg, lebt in Frankfurt am Main. Sie schreibt Romane („Goldkind", „Hotel Hölle, guten Tag…", „Afra"), Essays und Erzählungen. 2006 veröffentlichte Eva Demski den Roman „Das siamesische Dorf" (Suhrkamp), 2008 dramatisierte sie für das Theater Regensburg „The Blue Danube", einen Roman von Ludwig Bemelmans (deutscher Titel: „An der schönen blauen Donau").

Maxim Biller,

geboren 1960 in Prag, ist Sohn russisch- jüdischer Eltern. 1970 emigrierte seine Familie nach Deutschland, heute lebt Biller in Berlin. Er schreibt satirische Kolumnen, Romane („Die Tochter", „Esra"), Reportagen und wunderbare Erzählungen („Bernsteintage"). 2007 erschien der Erzählband „Liebe heute" (Kiepenheuer & Witsch), 2008 das Kinderbuch „Ein verrückter Vormittag" (Bloomsbury).

Annette Mingels,

geboren 1971 in Köln, lebt als Schriftstellerin und Journalistin in Zürich. 2003 erschien ihr erster Roman „Puppenglück" (Zytglogge-Verlag), 2005 und 2006 folgten „Die Liebe der Matrosen" und „Der aufrechte Gang" (beide DuMont-Verlag). Annette Mingels, die auch Kurzgeschichten schreibt, war 2006 zu den Lesungen um den Ingeborg-Bachmann-Preis eingeladen.